Nail art fai da te

CINZIA TRENCHI

Nail art fai da te

Come realizzare perfettamente manicure classica, french, ricostruzione con gel e tip, decorazioni

red!

Sommario

Introduzione

Questo volume spiega come prendersi cura, da sole ma in modo professionale, delle unghie delle mani. Le mani, si sa, parlano di noi: una mano curata, con unghie sane e belle, trasmette un'immagine di noi altrettanto elegante e ordinata.
Partiremo dall'abc, cioè dalla cura base delle mani e dagli attrezzi più indicati, i fondamentali che non devono mancare per ogni seduta di manicure.
Troverete poi consigli per migliorare la salute delle unghie, così come per renderle sane, forti e lucenti; per contrastare gli effetti dell'età; per proteggerle dagli agenti climatici e anche dai danni dovuti all'uso di detersivi e detergenti.
Ma una mano curata non significa soltanto avere unghie sane, vuol dire anche laccare e decorare le unghie in modo che siano sempre impeccabili. Dedicheremo quindi una particolare attenzione a tutte le tecniche che non solo permettono di rimediare alle unghie rosicchiate (l'onicofagia), ma che riescono anche a trasformare le mani, già belle e ordinate grazie alle attenzioni che avrete imparato a dedicare loro, in un piccolo capolavoro di nail art. La ricostruzione delle unghie permette infatti di sbizzarrirsi con decori assolutamente personali: non è difficile come può sembrare, richiede solo attenzione, precisione e… un po' di fantasia. Quando avrete acquisito una certa esperienza, potrete fare largo alla creatività con disegni e colori originali e irripetibili.
In questo libro scoprirete come eseguire una manicure adatta a ogni personalità: da tecniche semplici e rigorose come la french, alle decorazioni più particolari e stravaganti della nail art. In ogni caso sarete sempre voi, con la vostra manualità e la vostra fantasia, a interpretare i suggerimenti che vi diamo in armonia con la vostra personalità.
In fondo al volume, infine, un piccolo glossario vi spiega tutti i segreti dei termini più 'tecnici'.

Le unghie

L'unghia vista da vicino

L'unghia è una formazione cornea dell'epidermide che ha la funzione di proteggere la parte superiore del polpastrello. Già formate nel feto a partire dal quarto mese di gravidanza, le unghie crescono regolarmente per tutto l'arco della vita. La loro struttura è perlopiù di forma quadrata e si inserisce all'interno del derma per tre lati, mantenendo libera la sommità, cioè la parte che, crescendo, può sporgere dal polpastrello. La parte interna aderisce saldamente allo strato superiore del derma, in cui si trovano le cellule onicogene, cioè le cellule che generano l'unghia. La matrice dell'unghia è la zona nella quale queste cellule si accumulano, ed è caratterizzata da una particolare mezzaluna di colore chiaro, chiamata 'lunula'.

Piccoli problemi di unghie e mani

Le malattie o le alterazioni delle unghie si definiscono 'onicosi': unghie di forma o colore innaturale, oppure scolorite, macchiate, striate, troppo spesse o troppo fragili possono segnalare problemi di salute. L'unghia sana appare invece liscia, lucida, consistente, non rigida, di un colore uniforme rosa che si schiarisce nella parte della lunula. Qualunque variazione evidenzia un problema da affrontare con il dermatologo.

Unghie che si sfaldano o si rompono

Attenzione all'uso degli smalti e dei solventi: sceglieteli di ottima qualità. Proteggete sempre l'unghia con una base neutra

prima di mettere lo smalto, e quando lo rimuovete fatelo con un prodotto non aggressivo. Dopo, passate sempre un olio nutriente. Per rinforzare le unghie, se non sono presenti disfunzioni, applicate quotidianamente olio di ricino e olio di mandorle per le cuticole, oppure acquistate e usate sempre smalti indurenti prima di stendere quello colorato.

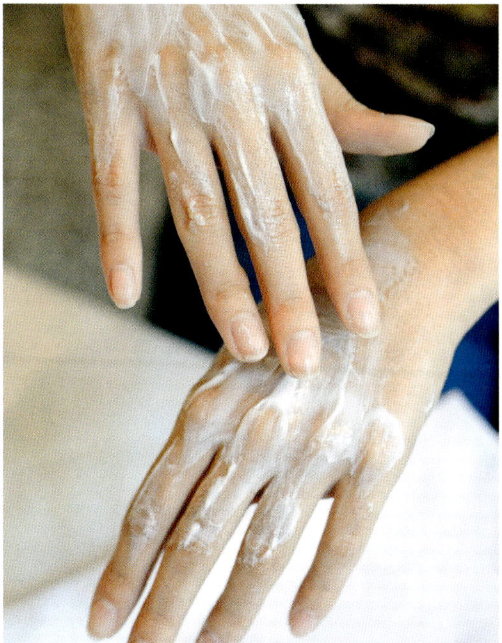

Mani secche e disidratate

Applicate sulle mani una maschera nutriente, per esempio a base di tuorlo d'uovo e ricotta, oppure di patate lessate e frullate con panna; lasciate agire per 10 minuti, poi tamponate con un asciugamano umido e caldo.
Massaggiate le mani con olio di vinaccioli, quindi asportate l'eccesso con una pezzuolina umida e calda.
Stendete più volte al giorno sulle mani una crema nutriente specifica per la pelle secca e arida.

Mani screpolate

Proteggete sempre le mani con i guanti di gomma quando fate i lavori domestici, perché l'acqua, così come i detersivi, rende la pelle e le unghie più fragili e sottili.
Applicate panna fresca, massaggiate con mascarpone o amido glicerolato (si acquista in farmacia), latte condensato o miele.

Mani umide (iperidrosi)

Eseguite maniluvi con oli essenziali, immergendo le mani in acqua a 30 °C alla quale sono state aggiunte, per esempio, 2 gocce di olio di timo o di cipresso.
Utilizzate caolino ed essenza di limone per risultati immediati. Considerate l'ipotesi di consultare un medico.

I CIBI 'AMICI' DELLE UNGHIE

Sali minerali e vitamine sono fondamentali per la salute delle unghie. Vale la pena di ricordare quali possiamo assumere con la dieta di tutti i giorni.

Calcio: concorre a rinforzare le unghie. Lo troviamo nei latticini, nei formaggi, nel tarassaco, nel cioccolato, nella soia, nel pepe nero, nella salvia, nel rosmarino e nel pesce.
Ferro: è necessario per l'ossigenazione dei tessuti; la sua carenza rende le unghie fragili e delicate. Lo troviamo nella frutta secca, come le noci oppure le mandorle, in tutte le verdure a foglie verdi, nel fegato e nella carne rossa in generale.
Iodio: contribuisce alla crescita dell'unghia. Lo troviamo soprattutto nelle alghe e nel pesce.
Rame: è un potente antiossidante. Lo troviamo nei cereali integrali, nelle olive e nelle carote.
Silicio: ha un ruolo importante nella prevenzione dell'osteoporosi, rafforza le unghie aumentando la produzione di cheratina. Lo troviamo soprattutto nelle radici e nelle fibre vegetali, nell'equiseto.
Vitamina A: aiuta la crescita delle unghie e concorre alla salute della pelle e delle mucose. La troviamo in grande quantità nel fegato, nel-

l'olio di fegato di merluzzo, nelle uova, nelle carote, nelle albicocche, nel tarassaco e nel burro.

Vitamina C: conferisce flessibilità all'unghia. La troviamo negli agrumi, nei kiwi, nel succo d'uva, nel ribes, nei peperoni, nei cavoli, nei broccoli e nel latte.

Vitamina D: è importante per la metabolizzazione del calcio. La troviamo soprattutto nel fegato, nel pesce e nei funghi. Il sole concorre alla sintesi di questa vitamina.

Vitamina E: è l'antiossidante per eccellenza, protegge dall'invecchiamento precoce. La troviamo soprattutto nell'olio di germe di grano, nei cereali integrali, nella frutta, nell'olio di oliva, nei girasoli e nelle mandorle.

Vitamine del gruppo B: facilitano la costruzione di nuove cellule e la crescita delle unghie. Le troviamo nei cereali integrali, nel lievito di birra e nelle verdure a foglia verde.

Zinco: è importante contro l'ossidazione dei tessuti. Lo troviamo nelle frattaglie, nella carne, nelle ostriche, nei funghi e nelle uova.

Zolfo: è necessario per la struttura dell'unghia, poiché forma la cheratina. Lo troviamo nell'aglio, nella cipolla, nello scalogno, nel cavolo, nei cetrioli, nelle lenticchie, nei crostacei, nelle uova e nella carne di maiale, manzo, pollo.

Mani perfette a ogni età

Unghie e mani belle: il trattamento base

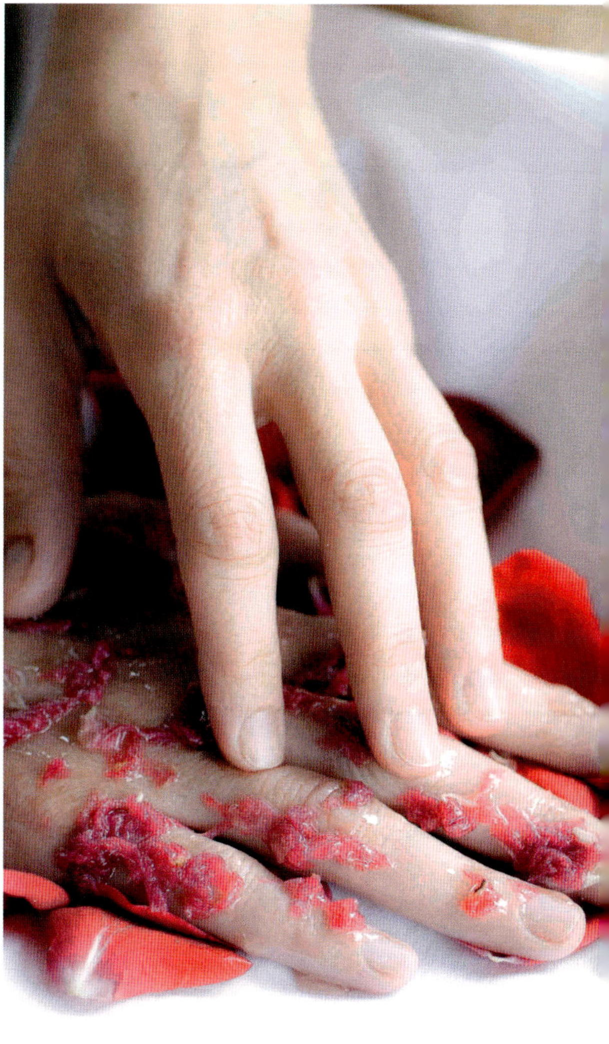

La cura delle unghie non può prescindere dalla cura della pelle delle mani che, essendo molto sottile e delicata rispetto a quella di altre parti del corpo, deve essere sempre ben idratata e protetta. Scarsa attenzione, condita da un po' di pigrizia, porta spesso a un precoce invecchiamento delle mani.
Anche se potrebbe sembrarvi eccessivo prevedere, almeno una volta la settimana, una pausa dedicata alla manicure, constaterete come ciò cambierà le vostre mani tanto da convincervi a concedervi questa pausa tutta per voi! La pelle diventa più consistente, più compatta, chiara e luminosa, le cuticole sono sempre meno ruvide e ispessite, le unghie più resistenti e lucide: a vent'anni come a sessanta si può sempre migliorare il proprio aspetto senza interventi impossibili.
Per prima cosa, prendete dunque l'abitudine di fare la manicure una volta la settimana, seguendo questi semplici step.

Esfoliazione. Potete usare un prodotto apposito o prepararvi uno scrub con sale da cucina integrale mescolato a oli essenziali (per esempio, lavanda, limone, pino,

rosmarino, salvia, timo o ylang ylang), il tutto legato da olio di vinaccioli oppure da olio di lino.

Idratazione. Applicate una maschera nutriente per idratare le mani e le unghie, lasciatela in posa per 15 minuti, quindi togliete l'eccesso con un piccolo asciugamano caldo e umido.
Potete anche preparare voi la maschera ricorrendo a rimedi casalinghi; le nonne per esempio usavano la ricotta mescolata con succo di limone e olio d'oliva, ma vanno bene pure tuorlo d'uovo, panna, latte e miele.

Massaggio. Concludete massaggiandovi le mani: partite dalle dita e terminate sull'avambraccio.

Stratagemmi antietà. Per schiarire eventuali macchie e illuminare la pelle, tamponate la parte scura con succo di limone. Sfruttate il potenziale antietà degli antiossidanti utilizzandoli anche esternamente per massaggiare le mani: gli oli di vinaccioli, di pesce, di lino potenzieranno al massimo l'intervento antiage. Anche un bagno di paraffina (sciolta a bagnomaria) può ridare alle mani stanche un aspetto giovane e sano.

Ricordate sempre che la cura delle mani non può essere saltuaria e destinata solo a ricorrenze oppure ad appuntamenti importanti. Una bella manicure, oltre a migliorare il nostro aspetto, ci costringe a dedicare 30 minuti soltanto a noi stesse.

Il decalogo delle mani perfette

1. Proteggete sempre le mani quando fate i lavori domestici. L'acqua indebolisce le unghie, i detersivi le aggrediscono e intaccano il film lipidico della pelle.
2. In inverno indossate sempre i guanti per proteggere le mani dal freddo e in estate applicate una crema protettiva con filtri Uva, prima di uscire di casa. Il sole è uno dei responsabili delle macchie scure e dell'invecchiamento precoce della pelle.
3. Ogni volta che vi lavate le mani, asciugatele bene e poi applicate una buona crema nutriente, massaggiando fino al suo completo assorbimento.
4. Nutrite le unghie massaggiandole almeno 2 volte la settimana con olio di vinaccioli o di ricino. Lasciate agire per 30 minuti prima di rimuoverne l'eccesso.
5. In caso di pelle secca, ogni sera, prima di andare a dormire, applicate sulle mani un abbondante strato di crema nutriente e

PRONTO SOCCORSO PER LA PELLE DELLE MANI

La pelle delle mani della nostra modella ha bisogno di essere reidratata, nutrita e disinfiammata. È il tipico problema di chi bagna spesso le mani senza asciugarle adeguatamente: con il freddo la pelle si ispessisce, arrossa e screpola. Se anche le vostre mani sono provate, l'ideale è applicare una maschera nutriente e rinfrescante, che potete preparare a casa mescolando 1 cucchiaio di acqua della bollitura del riso con una noce di burro, 1 cucchiaio di miele e 1 cucchiaio di yogurt.
Con l'aiuto di un pennello distribuite il composto nelle zone dove la pelle è più infiammata (1), poi stendetelo su tutta la mano, massaggiate e ▶

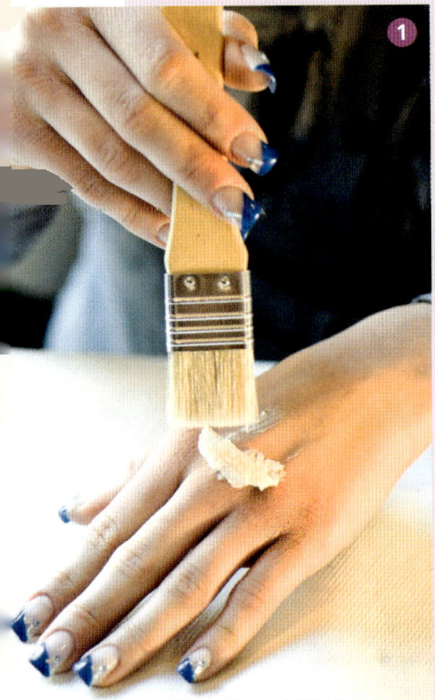

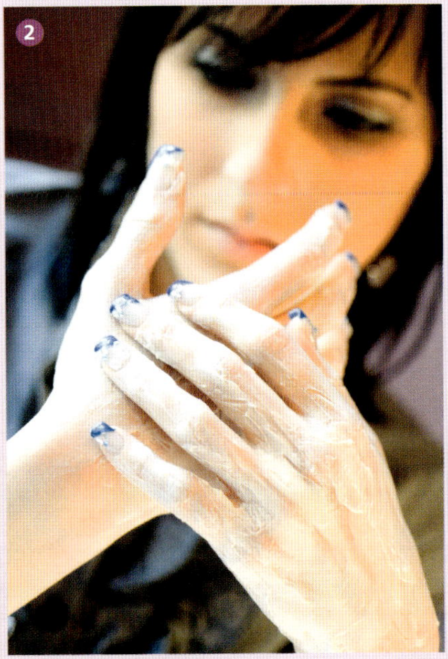

favoritene l'assorbimento indossando un paio di guanti di cotone.

6. In caso di sudorazione eccessiva, tamponate le mani con prodotti naturali a base di oli essenziali e valutate la possibilità di intraprendere una terapia antiansia.

7. Non tagliate le unghie ma limatele regolarmente, con limette a diversa grana. Ricordate che le unghie delle mani crescono di circa 1 millimetro alla settimana.

8. Non tagliate né strappate le cuticole o le pellicine che proteggono lateralmente le unghie, ma ammorbiditele con creme idratanti e poi spingetele delicatamente con gli appositi bastoncini in legno di rosa o di arancio.

9. Non usate solventi aggressivi per rimuovere lo smalto.

10. Scegliete prodotti per le mani naturali, a base di erbe.

lasciate in posa per 10-15 minuti ❷. Rimuovetelo dunque con salviette o carta assorbente, e se necessario tamponate con un asciugamano caldo e umido ❸.
Passate sulle unghie l'olio rinforzante ❹. Per completare la vostra manicure massaggiate infine le mani con una crema nutriente ❺ non grassa che idrati la pelle e le cuticole mantenendo intatta la brillantezza delle unghie. Massaggiate una mano per volta fino al completo assorbimento della crema, procedendo dalla punta delle dita ai polsi.
Ora le vostre unghie sono protette e forti, ma ricordate di nutrire quotidianamente le mani soprattutto se entrate spesso in contatto con acqua e detersivi.

4

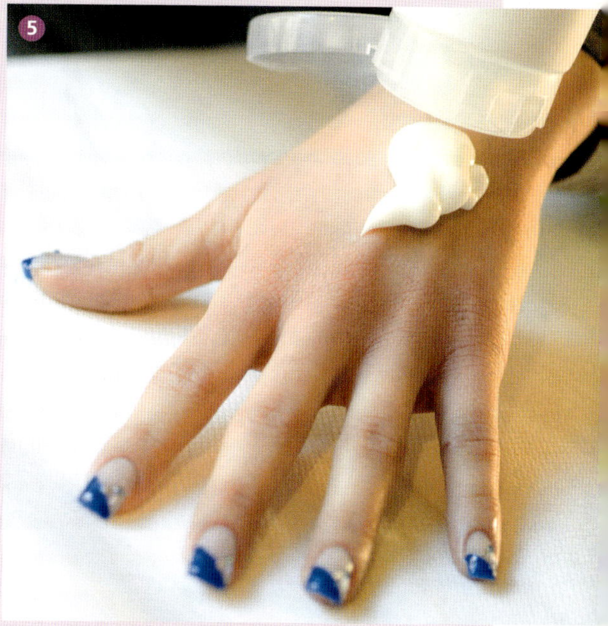
5

Lo smalto

Lo smalto rappresenta il complemento più importante di una buona manicure. È indispensabile per donare a ogni mano quel tocco di eleganza e bellezza che la rende perfetta in qualunque momento della giornata e aiuta a coprire eventuali imperfezioni delle unghie, che possono essere sottili, sfaldate, con piccole macchie o di un brutto colore.

La base trasparente

Prima di passare lo smalto colorato, l'unghia va protetta con una base trasparente, possibilmente rinforzante.
Si può quindi applicare successivamente lo smalto: non dimenticate di agitarlo sempre prima dell'uso affinché sia omogeneo, privo di bolle d'aria e grumi che renderebbero difficile la sua stesura e pessimo il risultato.

Stendere lo smalto

Per stendere lo smalto cercate una posizione comoda: potete appoggiare la mano su un piano o tenerla ferma e sospesa davanti agli occhi, secondo la vostra abilità manuale e le vostre abitudini.
Dopo un primo strato, applicatene un secondo, affinché il colore risulti acceso e brillante.
Tra una passata e l'altra, per rendere più veloce l'asciugatura, potete usare gli appositi ventilatori da unghie.
Stendere lo smalto può non essere semplice, ma con la pratica certamente acquisirete manualità e tecnica. L'ideale, per distribuire il colore, sarebbe mettere lo smalto partendo dalla punta dell'unghia verso la radice, e non il contrario, perché in questo modo si dà maggiore risalto alla forma dell'unghia.

Il colore

Anche se il colore riflette una scelta personale, a ogni tinta è abbinato un significato: lo smalto trasparente o le tinte pastello sono molto indicate per una mano elegante, discreta e non appariscente; il rosso è per definizione sinonimo di seduzione, ma è più impegnativo e deve essere sempre perfetto; i perlati sono la scelta giusta per mani abbronzate e risaltano maggiormente in estate.

Le mani sono sempre in primo piano, quindi scegliete una sfumatura con cui sentirvi a vostro agio in qualunque situazione. In molte occasioni lo smalto sottolinea l'eleganza di una *mise*, ed è bene allora abbinarlo al colore dell'abito.

La scelta dei prodotti

Quando scegliete uno smalto, fate attenzione anche alle sue caratteristiche tecniche: un buon prodotto asciuga molto velocemente e si stende in modo uniforme, senza chiazze né grumi. Evitate di acquistare prodotti non di marca che non riportano sulla confezione l'elenco degli ingredienti e la data di scadenza.

Per rimuovere lo smalto usate un solvente poco aggressivo, possibilmente arricchito con sostanze addolcenti, e subito dopo passate sulle unghie un prodotto nutriente.

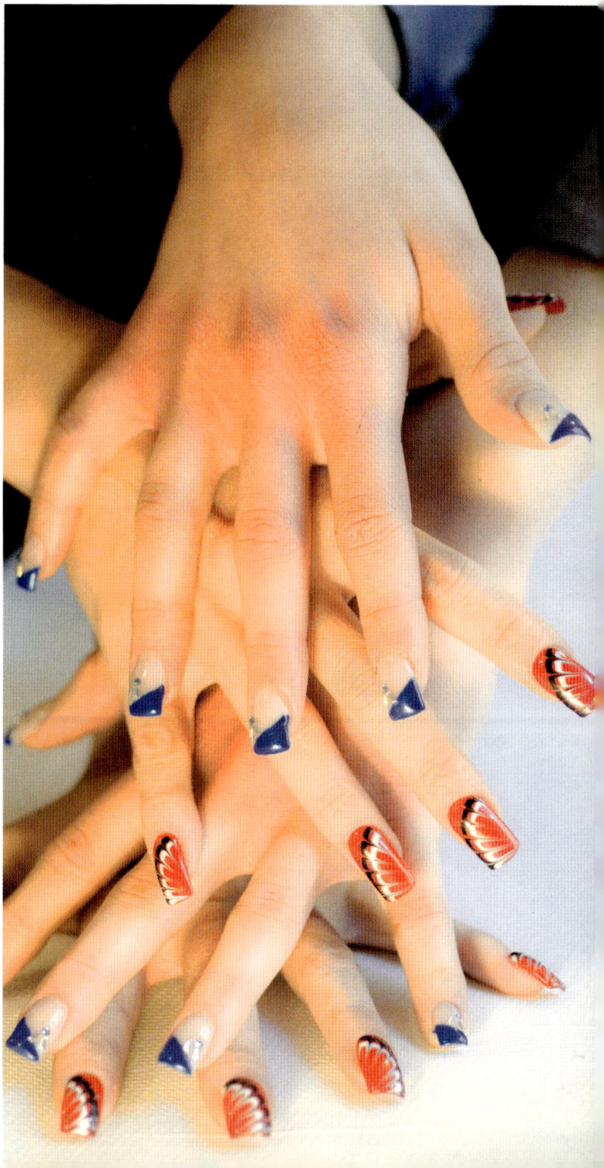

Manicure classica e con decoro french

La manicure classica

Innanzi tutto lavate bene le mani sotto l'acqua corrente con un sapone neutro, spazzolate le unghie e asciugate bene.
Preparate un piano di lavoro comodo con

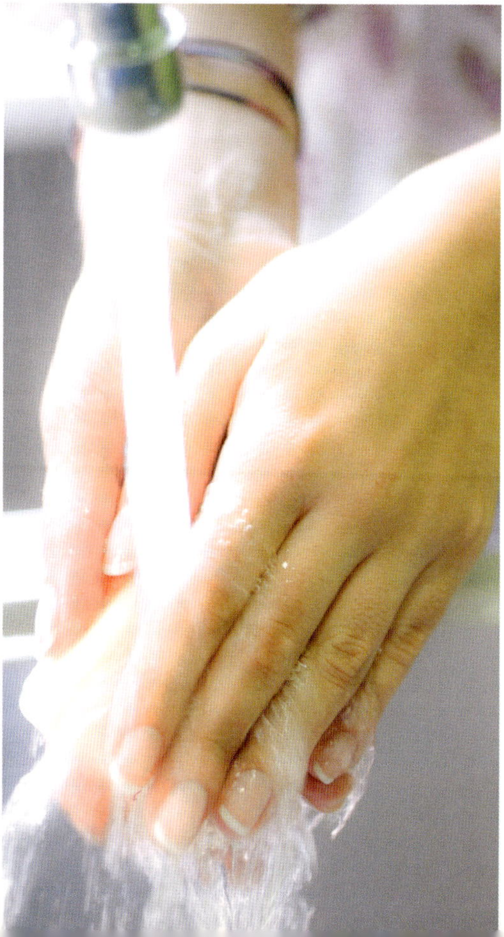

OCCORRENTE

- Cotone solvente per unghie
- Contenitore per l'acqua
- Lime di diversa grana
- Tronchesino
- Spingi cuticole in legno di rosa o di arancio, oppure in acciaio
- Asciugamano
- Maschera
- Crema per massaggio
- Olio rinforzante per le unghie
- Smalto base neutro trasparente, smalto colorato o pastello bianco (per la french manicure) e fissativo trasparente

tutti i vostri attrezzi, compresa una piccola bacinella contenente acqua tiepida e qualche goccia di olio essenziale.
Come primo passaggio limate le unghie e date loro la forma che più vi piace o quella che maggiormente si adatta alla vostra mano.
Usando la lima seguite l'andamento dell'unghia: considerate la forma delle dita e cercate di trovare l'armonia naturale della mano.
Manovrate la lima con delicatezza, utilizzando prima la parte più ruvida e terminando con la parte più sottile affinché l'unghia non abbia asperità e, passando il polpastrello, si senta al contatto una superficie liscia (1).

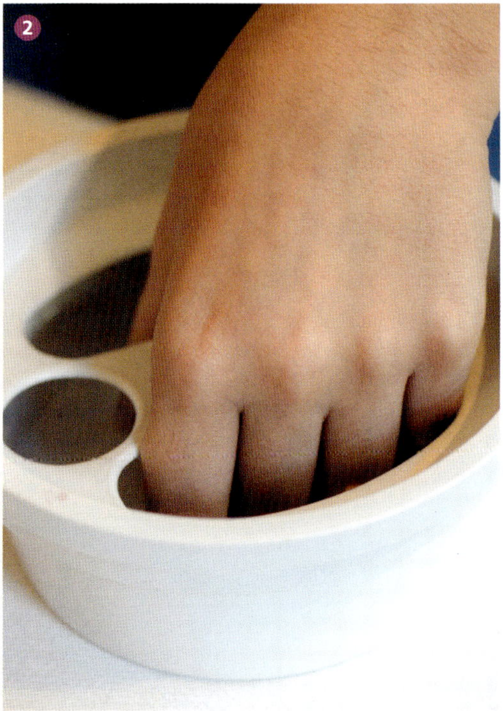

Quando le unghie sono della dimensione e della lunghezza desiderate, passate allo step successivo.
Immergete le dita nell'acqua tiepida (mantenetele in ammollo per almeno 5 minuti), una mano alla volta, lasciate che le pellicine diventino morbide, in modo che la parte morta venga via senza alcuna difficoltà 2.
Tamponate delicatamente le dita con un telo di lino 3.
Passate lo spingi cuticole sulle dita, una mano alla volta, e staccate delicatamente

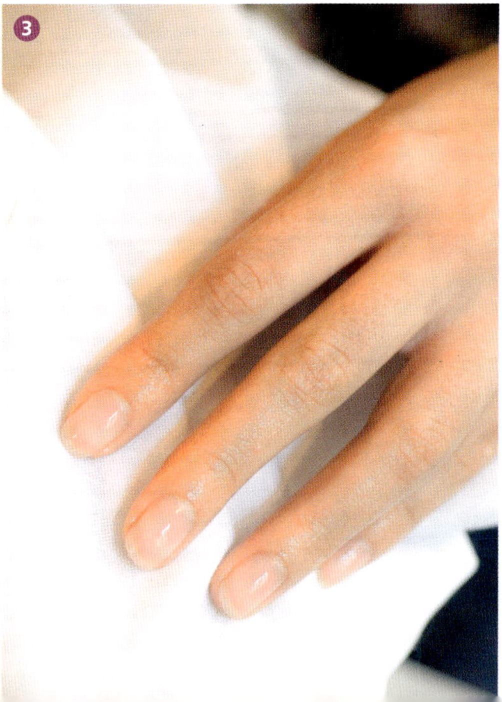

le cuticole. Eliminate quelle che vengono via naturalmente, spingete verso il basso le altre 4.
Se necessario, utilizzando il tronchesino con molta delicatezza tagliate le cuticole troppo dure e quelle che si possono impigliare nelle calze, oppure che sentite troppo sporgenti 5.
Attente a non tagliarvi, poiché le ferite in questo punto sono fastidiose e hanno bisogno di molto tempo per richiudersi, senza dimenticare che rovinerebbero il risultato della vostra manicure.

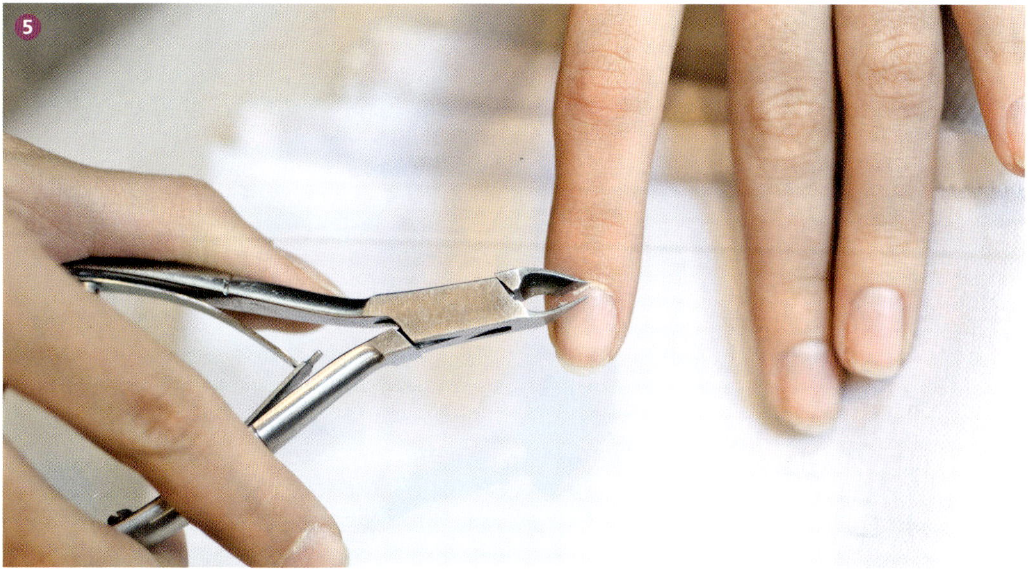

A questo punto potete applicare sulle mani una maschera, che a seconda delle vostre necessità potrà essere nutriente, purificante o schiarente. Stendetela sulla pelle del dorso delle mani e lasciatela in posa per circa 10 minuti, poi toglietela con carta assorbente e tamponate con un asciugamano umido e caldo.
Con la lima levigante e lucidante controllate che le unghie siano perfettamente lisce; passate la parte lucidante anche sopra, in modo da avere un'unghia splendente pure prima di applicare lo smalto. Il risultato finale sarà ancora più bello 6.
Stendete ora su ogni unghia, una mano per volta, l'olio rinforzante, senza preoccuparvi se con il pennello toccherete anche la pelle; una volta terminata la prima mano, massaggiate leggermente le unghie per far assorbire il nutrimento e togliere l'eccesso con carta assorbente. Dedicatevi adesso all'altra mano e, un dito alla volta, ripetete le stesse operazioni 7.

Adesso potete stendere sulle unghie la base protettiva. In commercio si trovano neutre o leggermente colorate; scegliete quella che più si adatta alle vostre unghie e soprattutto al vostro stile. Lasciate asciugare prima di passare allo smalto colorato o alla french.

Potete ora colorare le vostre unghie: passate il pennello dapprima sulla parte finale, distribuite un poco di colore anche sul taglio dell'unghia e poi partite dalla linea della cuticola 8.

Se sbagliate potete togliere lo smalto con un carta assorbente finché è ancora fresco e poi ripetere l'operazione.

Lasciate asciugare almeno 5 minuti prima di stendere il fissativo.

Terminate la manicure passando lo smalto fissativo trasparente sulle unghie.

Lasciatelo asciugare e indurire perfettamente e aspettate almeno 10 minuti prima di fare qualunque cosa, affinché lo smalto non si rovini e rimanga perfettamente liscio e trasparente.

9

La french manicure

La french manicure consiste nel dipingere il corpo dell'unghia con uno smalto neutro (trasparente o rosato) e poi laccare con smalto bianco coprente, o comunque di colore chiaro, la parte terminale dell'unghia chiamata 'sorriso'. Realizzare questo tipo di manicure non è particolarmente complicato, ma se non siete ancora esperte potete optare per la manicure classica, con un solo colore, e aggiungere la linea chiara della french soltanto quando avrete più manualità. Se siete alle prime armi, dunque, pazientate: l'importante è che abbiate del tempo da dedicare esclusivamente alla manicure, magari mentre ascoltate la vostra musica preferita (ricordate di spegnete il cellulare!).

In commercio si trovano anche delle apposite striscette adesive da posizionare sull'unghia: passandovi sopra il fissativo trasparente l'effetto è molto naturale e simile

E SE PROVASTE A FARVI AIUTARE DA UN'AMICA?

Fare la manicure insieme con un'amica può essere una buona idea: potrete forse aiutarvi nelle fasi più impegnative, soprattutto se siete 'alle prime armi'.

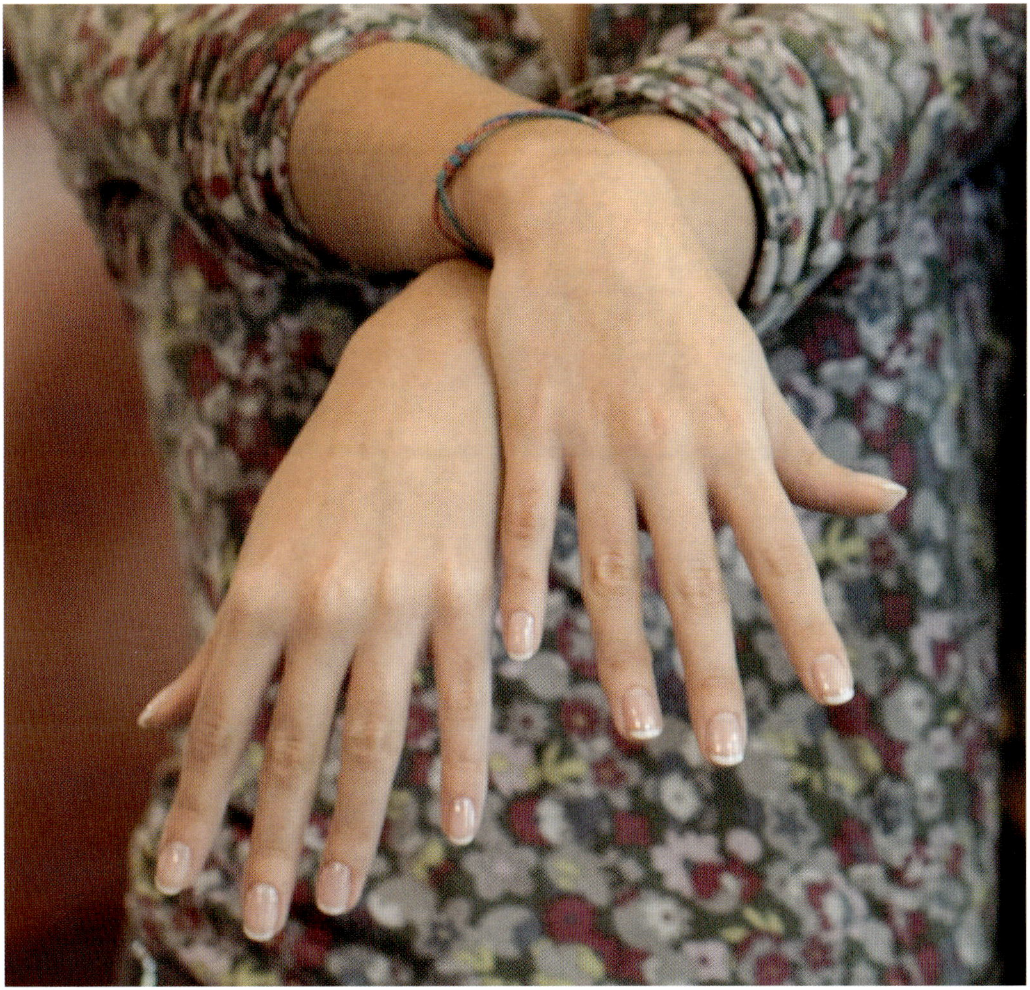

a quello dello smalto tradizionale. Ricorrete a questo sistema quando avete poco tempo da dedicare alla manicure.

Per la manicure con decoro french, procedete esattamente come per la manicure classica fino al momento di colorare le unghie. Dopo aver lavato e trattato le mani, limato e lucidato le unghie, spinto ed eliminato le cuticole, applicato l'olio rinforzante e steso la base protettiva sulle unghie, se non optate per un colore unico, disegnate solo la linea bianca sulla parte terminale dell'unghia, passando il pennello da un lato all'altro 9.

Concludete poi, come nel caso della manicure classica, lasciando asciugare e stendendo lo smalto fissativo trasparente su tutta l'unghia.

Ricostruire e decorare: da dove cominciare

Ricostruire le unghie significa trasformarne la superficie, ampliandola e rendendola più resistente e uniforme, con l'aiuto di gel e tip, senza comprometterne la salute.
Che cosa serve per eseguire la ricostruzione delle unghie come una vera professionista di nail art? Per le fasi principali sono necessari pochi prodotti e pochi strumenti: gel specifici per la ricostruzione, pennelli per applicare i gel, lime, buffer e la lampada Uv per unghie.
È raccomandabile scegliere tutto quanto occorre tra le migliori marche, perché la qualità dei materiali è fondamentale per ottenere un buon risultato.

Gel e pennelli

I gel da utilizzare possono essere più di uno: la ricostruzione detta 'trifasica', per esempio, esige tre gel specifici. I gel sono disponibili in diverse colorazioni.
I pennelli devono essere di altissima qualità, possibilmente di martora, proprio come i pennelli dei pittori professionisti: garantiscono un tocco preciso e sicuro, non si deformano durante le delicate operazioni di stesura del gel e dei colori e soprattutto non perdono peli!
Per iniziare può essere sufficiente munirsi di un paio di pennelli piatti (uno per la stesura

e uno per i ritocchi), di un pennellino dalla punta sottile e di uno spot per realizzare i primi esperimenti di 'disegno' sull'unghia.

La lampada Uv

La lampada Uv per unghie è indispensabile per ricostruire le unghie con i gel; questi, infatti, si induriscono attraverso un processo di catalizzazione che può avvenire solo esponendo le unghie ai raggi di tale lampada. Naturalmente si tratta di lampade speciali per la ricostruzione delle unghie, a due o a quattro bulbi, da acquistarsi presso i rivenditori specializzati di prodotti per la manicure.

Le decorazioni

Una volta preparata la base con la ricostruzione con gel o tip, si aprono infinite possibilità di decorazione. Naturalmente si possono anche applicare elementi decorativi alle unghie naturali, ma il lavoro risulta più fragile e delicato. Con le unghie ricostruite, invece, questo non è più un problema poiché il decoro viene fissato dal gel. Alcune decorazioni, come le polveri brillanti,

possono essere inserite già durante la fase della ricostruzione e inglobate nell'unghia stessa. Molte decorazioni sono prodotte sia in materiali sintetici colorati per formare piccoli oggetti dalle fogge più svariate (fiori, cuori, farfalle, brillantini), sia in materiali naturali come piccoli fiori secchi.

Se desiderate decorare da sole le vostre unghie e non avete ancora manualità ed esperienza, potete affidarvi alle decorazioni adesive, semplici da applicare e di grande effetto; si trovano presso gli stessi rivenditori che commercializzano i prodotti per la ricostruzione.

Ricostruzione con gel per unghie rovinate

Le unghie proteggono il polpastrello e aiutano nella presa degli oggetti, perciò l'impulso incontrollato a mangiarle può creare diversi disagi, sia estetici sia funzionali. Lo stesso vale per le pellicine, dato che una pellicina strappata con i denti può trasformarsi in una ferita che impiegherà diverse settimane per cicatrizzarsi.
La ricostruzione è un ottimo sistema per proteggere le unghie naturali e favorirne la ricrescita, ricordate però che non potete eseguirla se ci sono tagli, strappi o ferite sulla zona da trattare; in questo caso lasciate cicatrizzare e poi procedete.
Il grado di difficoltà della ricostruzione per le unghie rovinate è medio, ma se siete alle prime armi prendetevi il tempo necessario. Iniziate la ricostruzione con le unghie della mano più difficile, così quella dopo vi sembrerà una passeggiata!
Una volta terminata la vostra opera, la mano risulterà così bella che ne sarete orgogliose. E forse questo sarà il primo passo per riuscire a smettere di mangiarvi le unghie e farvi del male.

OCCORRENTE

- Lime e buffer
- Lampada Uv
- Spingi cuticole in legno di rosa o di arancio, oppure in acciaio
- Tronchesino
- Spazzola per unghie
- Gel base
- Gel ricostruttivo
- Gel colorato
- Gel fissante
- Pennello piatto di martora misura 03
- Pennello tonto di martora misura 01
- Spot
- Rimuovi residui
- Cotone
- Olio rinforzante
- Crema massaggio

La ricostruzione

È bene preparare le unghie (vedi a p. 23 il paragrafo 'La manicure classica') almeno una settimana prima di eseguire la ricostruzione, limando tutte le asperità, eliminando le pellicine in eccesso e stendendo sulle unghie lo smalto apposito per contrastare l'onicofagia, che rende le unghie sgradevoli e quindi poco 'appetitose'. Ciò permetterà pure che la pelle intorno all'unghia abbia il tempo di cicatrizzarsi e guarire. Durante questa settimana massaggiate tutte le sere le unghie con olio rinforzante e le mani con crema nutriente.
Per la ricostruzione con gel, le unghie non devono essere umide; con la mano asciutta staccate le pellicine, spingete le cuticole

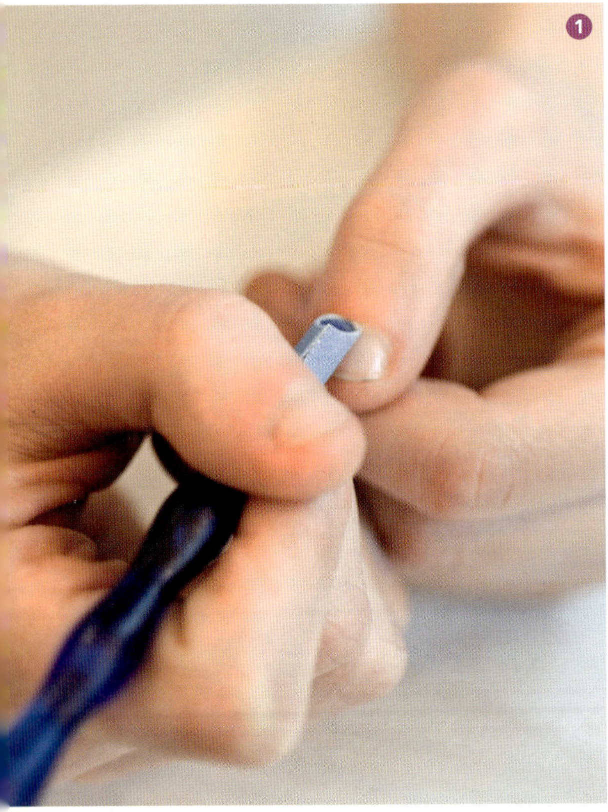

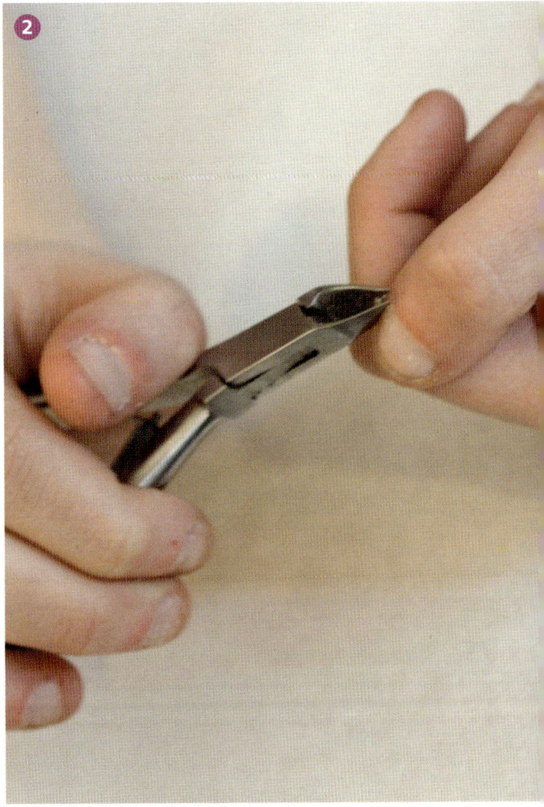

con l'apposito attrezzo (1) e limate le unghie lateralmente e sopra.
Con il tronchesino tagliate l'eccesso di pellicine, facendo estrema attenzione a non provocarvi dei taglietti che oltre a essere fastidiosi vi impedirebbero di stendere il gel (2). Passate sulle unghie un telo asciutto o una spazzolina per togliere l'eccesso di limatura.
Utilizzando un pennello piatto di martora di misura 03, stendete ora il gel base che va applicato solo sull'unghia; fate atten-

zione quindi a non sbordare sulla pelle o sulle cuticole ❸.
L'unghia è adesso pronta per la prima ricostruzione con il gel ricostruttivo per onicofagia. Si tratta di un prodotto non tossico, specifico per questo trattamento e che uniforma l'unghia sottostante con la ricostruzione, creando una superficie omogenea. In commercio potete trovarlo bianco trasparente o leggermente colorato con tinte pastello, perfette per unghie lasciate al naturale o decorate con la french.
Prendete dunque lo spot, immergetelo nella resina e distribuitela ❹ iniziando dalla

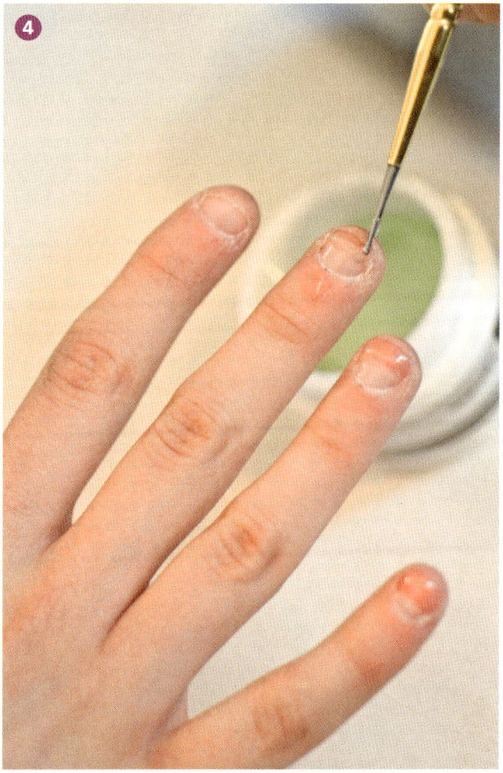

parte terminale dell'unghia fin sulla pelle, quasi alla punta delle dita 5.
Passate poi le unghie con il gel sotto la lampada Uv e lasciate indurire per circa due minuti.
Di nuovo con il pennello di martora, distribuite ancora una volta il gel ricostruttivo su tutta l'unghia 6, poi mettete le dita, una per una, sotto la lampada Uv per farlo indurire. Il gel lascia sulle unghie una patina oleosa, che va rimossa con un batuffolo di cotone impregnato dell'apposito liquido per i residui 7.
Con la lima bifasica lavorate, dapprima

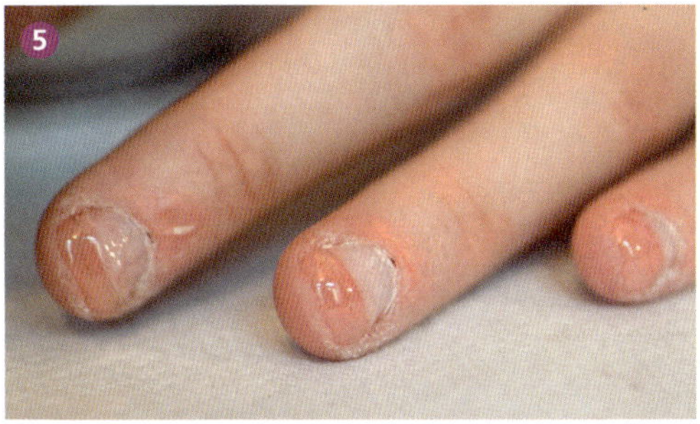

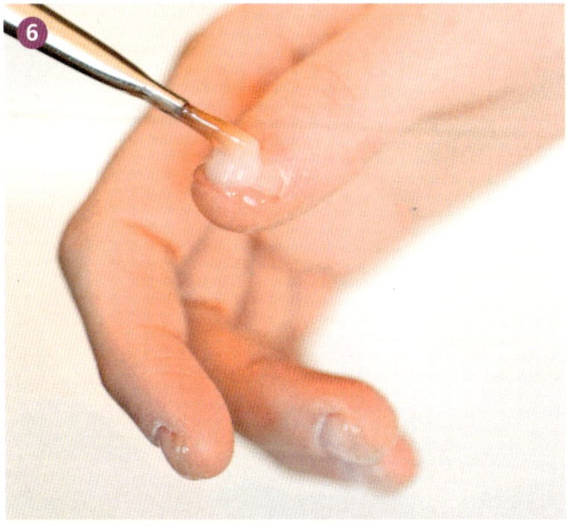

utilizzando la parte a grana grossa, per uniformare e dare alle unghie la forma e la lunghezza che più si adatta alle vostre mani. Siate delicate e, se inesperte, usate la parte della lima a grana fine: ci metterete più tempo ma eviterete di eccedere nella limatura 8. Passate poi il buffer per rendere omogeneo il lavoro 9.

Spazzolate molto bene le mani e le unghie affinché i residui di gel vengano eliminati 10.

La decorazione

Le unghie sono ora pronte per essere dipinte con gel colorati.
La mano molto piccola di Giorgia si adatta meglio a una decorazione leggera come la french. In questo caso la striscia bianca è realizzata con il gel anziché con lo smalto, e viene disegnata con lo spot 11.
Fissate il decoro con la lampada Uv, poi con il pennello piatto 03 passate il gel sigillante 12 e indurite sempre con la lampada.

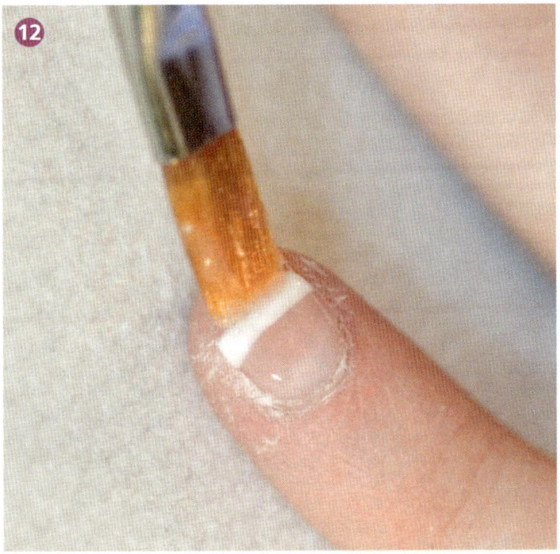

Distribuite poi l'olio rinforzante sulle unghie e sulle cuticole 13, massaggiate affinché penetri, quindi togliete l'eccesso con carta assorbente.
Le mani sono a posto, le unghie protette 14.

La manicure con gel può durare anche un mese; mano a mano che l'unghia ricresce, riprenderà la forma originaria persa a causa dell'onicofagia. Il gel inoltre è molto duro e impossibile da mordere.

Ricostruzione con gel e decori 'tirati'

È una manicure decisamente creativa. Il grado di difficoltà è medio, richiede però un po' di tempo: almeno 2 o 3 ore, secondo la vostra abilità. Ai primi tentativi non scegliete decori impegnativi, e soprattutto… non pretendete che ogni unghia sia decorata in modo perfetto e identico alle altre! Le prime volte potete limitarvi a stendere un gel colorato, decorando magari solo una o due unghie. Non fatevi prendere dallo sconforto se qualche decoro si impasta e i colori si mescolano, ma rimuovete con carta assorbente e riprovate: lasciatevi un margine d'errore. Se potete, fatevi aiutare da un'amica; prendetelo come un divertimento, un gioco con il quale esprimere la vostra creatività.

La ricostruzione

Rimuovete eventuali tracce di smalto dalle unghie con un solvente poco aggressivo, utilizzando una compressa di cotone o di carta assorbente ❶.

OCCORRENTE

- Lime e buffer
- Lampada Uv
- Spingi cuticole in legno di rosa o di arancio, oppure in acciaio
- Tronchesino
- Fresa per mani
- Spazzola per unghie
- Maschera quadrettata in carta adesiva
- Gel base
- Gel ricostruttivo
- Gel fissativo
- 3 gel colorati (in questo caso rosso per la base, nero e bianco per i decori)
- Pennello piatto di martora misura 03
- Pennello tondo da decoro
- Rimuovi residui
- Tamponi
- Olio rinforzante
- Crema massaggio

❶

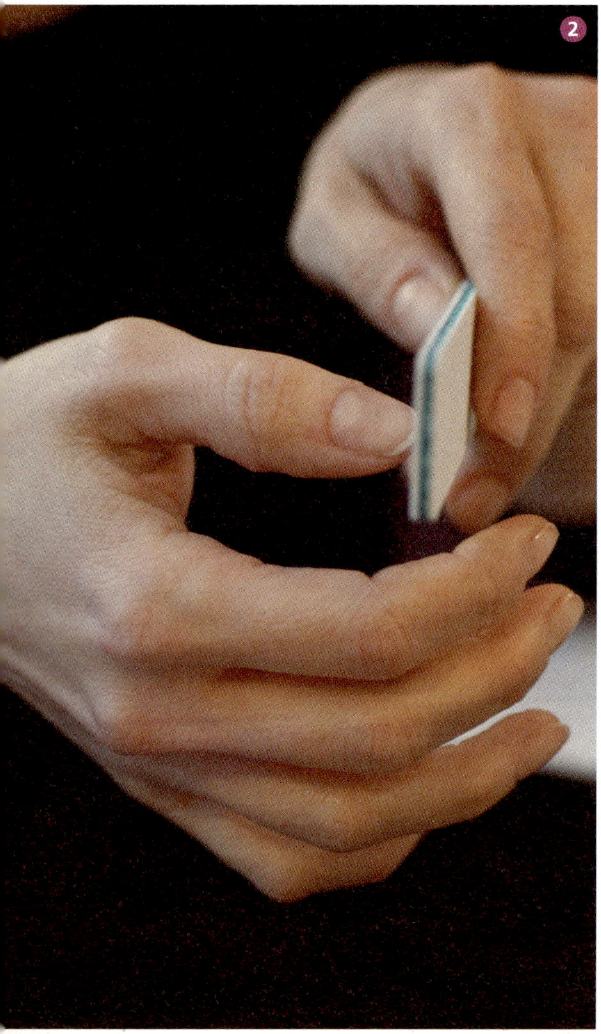

Le unghie da ricostruire non devono essere umide, quindi non mettetele a bagno, non ungetele con creme o olio e asciugatele bene prima di iniziare.
Limate e livellate ogni asperità: se siete esperte usate prima la parte a grana grossa e poi quella a grana fine 2.
Passate lo spingi cuticole sulle dita di entrambe le mani; se siete 'alle prime armi' preferite quelli in legno di rosa. Tagliate e rimuovete le pellicine morte e l'eccesso di cuticole, manovrando il tronchesino con molta cautela.
Per la ricostruzione con gel è importante che le cuticole siano ben levigate e lisce e che la parte superiore dell'unghia sia ruvida. Potete passare anche la fresa sia sulle pellicine sia sull'unghia 3. Terminate sempre il lavoro con il buffer, che proprio per la sua forma consente di lavorare l'unghia ovunque senza difficoltà 4.
Ora le vostre mani sono pronte per essere spazzolate 5, quindi potete stendere la prima mano di gel base con un pennello piatto di martora 6. Sceglietelo della misura adatta alle vostre unghie: se sono grandi potete usare anche quello di misura 05. Passate il prodotto su una mano e fatelo asciugare sotto i raggi Uv per circa 2 minuti (regolatevi con il timer della lampada) prima di dedicarvi all'altra mano.

3

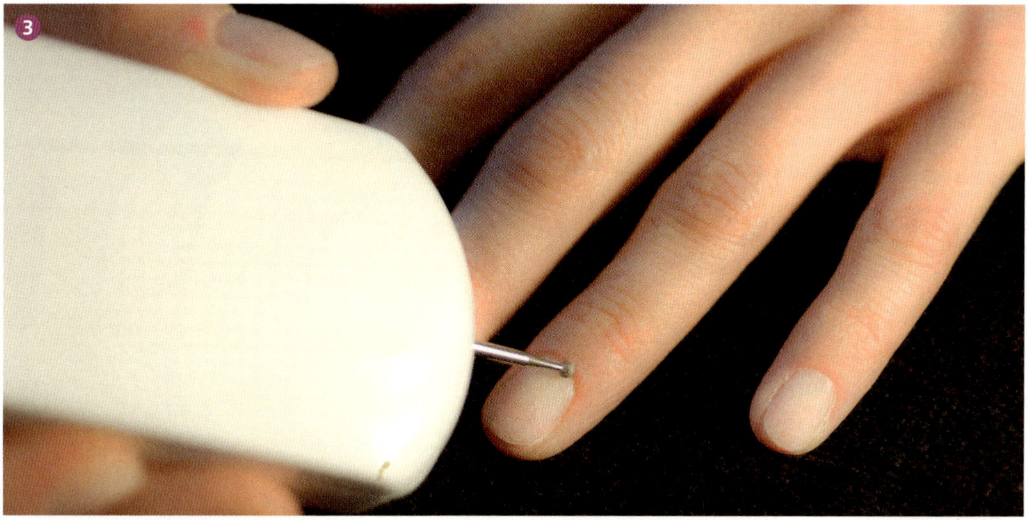

4

5

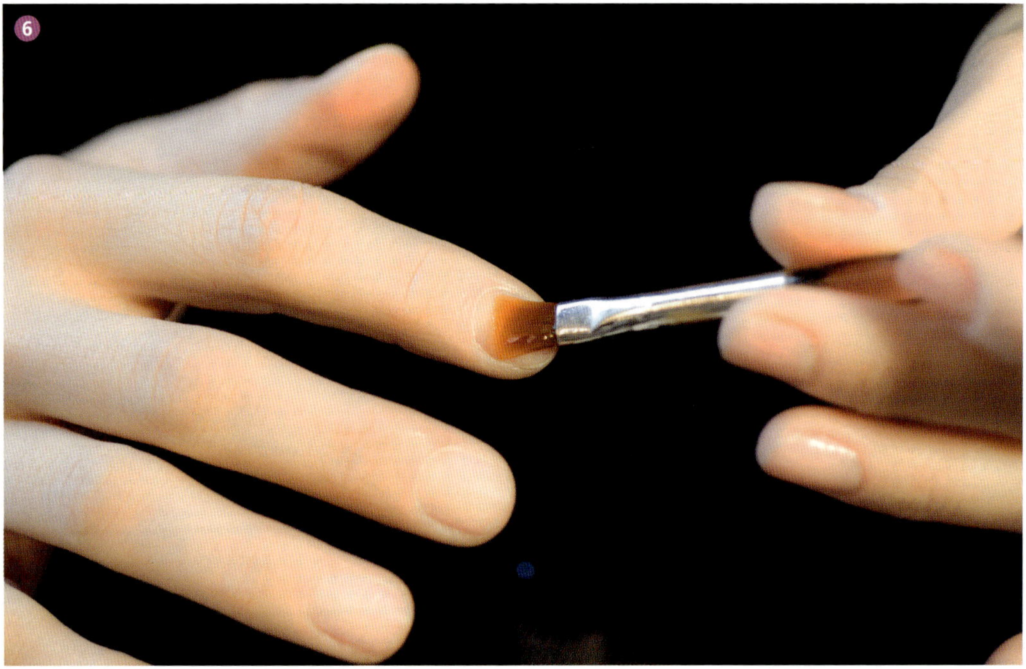

Per la ricostruzione vera e propria dovete posizionare su ogni dito la cartina che sostiene il gel; dopo averla staccata, arrotondatela e inserite la parte quadrettata tra l'unghia e la pelle sottostante. La maschera ha una base adesiva che la rende un sostegno forte e inamovibile. La quadrettatura numerata consente di avere un riferimento uguale per tutte le unghie. Immergete lo spot nel gel ricostruttivo e distribuitelo dalla metà della vostra unghia alla lunghezza desiderata, usando la quadrettatura come riferimento per lunghezza e larghezza 7.

Non è un lavoro difficile e consente di rimediare a eventuali errori: se mettete troppo gel o la ricostruzione non ha la stessa lunghezza, si può ovviare attraverso la limatura.

Potete anche fare un'unghia per volta, sten-

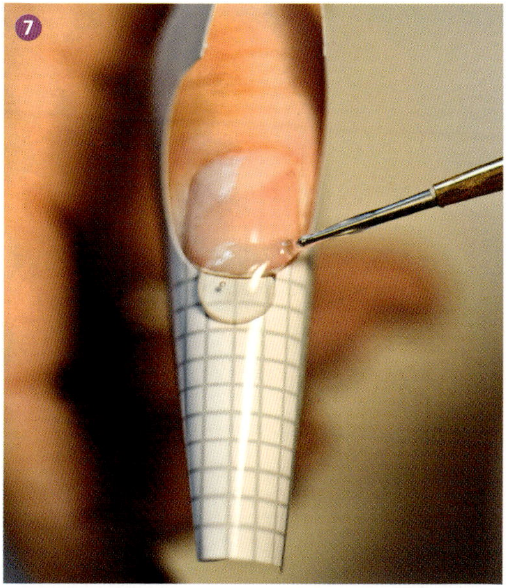

dendo il gel e passandolo subito sotto la lampada.
Quando la vostra ricostruzione base è terminata 8, togliete le maschere dalle dita. Ora è possibile vedere il risultato del lavoro. Siete a metà dell'opera, da questo momento potete rilassarvi: la parte più difficile è superata!
Distribuite adesso il gel uniformante su ogni

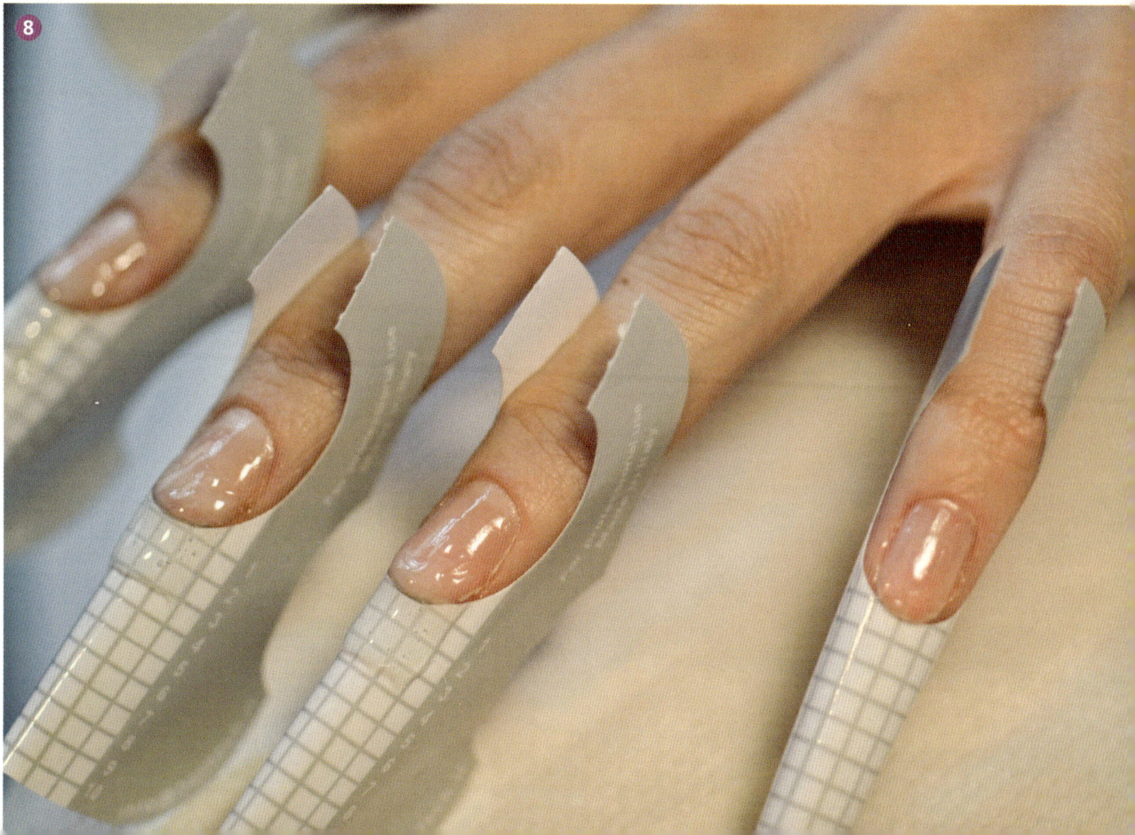

unghia, una mano per volta, partendo dalla base dell'unghia 9 10.

Se durante uno di questi passaggi perdete la concentrazione e volete riposare un po', potete farlo, ma prima lasciate indurire il gel, anche un dito alla volta. Il gel lascia sulle unghie un residuo oleoso che al termine della ricostruzione va rimosso con il liquido apposito, da passare con una compressa di carta assorbente.

Ora le vostre unghie sono forti, ma grezze: limatele per dare loro la forma che più vi piace e che si adatta alle vostre mani. Levigatele anche nella parte superiore perché il gel crea spessore, ma siate delicate per non creare irregolarità; controllate la lunghezza dito per dito, confrontando le due mani.

Potete usare indifferentemente la lima o il buffer. Non sottovalutate questa operazione, perché è quella che caratterizza il vostro lavoro, quindi prendetevi il tempo necessario per eseguirla con calma 11.

Terminata la limatura, spazzolate bene le unghie e le mani per togliere i residui di gel che, se lasciati, possono creare, una volta steso il colore, antiestetiche ruvidità sulla lamina 12.

La decorazione

Le unghie ora sono pronte per essere decorate. Scegliete il colore base che sentite più adatto a voi.
Stendete una prima mano di gel con il pennello piatto di martora misura 03 ⓭ e fissatelo con i raggi Uv.

La decorazione che vi suggeriamo è semplice ma di grande effetto. Si realizza disegnando due righe parallele con differenti colori ⓮ (naturalmente userete due spot o due pennelli differenti, uno per il bianco e uno per il nero); con un pennello pulito create poi delle righe in diagonale ⓯. Questo è il cosiddetto 'decoro tirato'. Se non

⓭

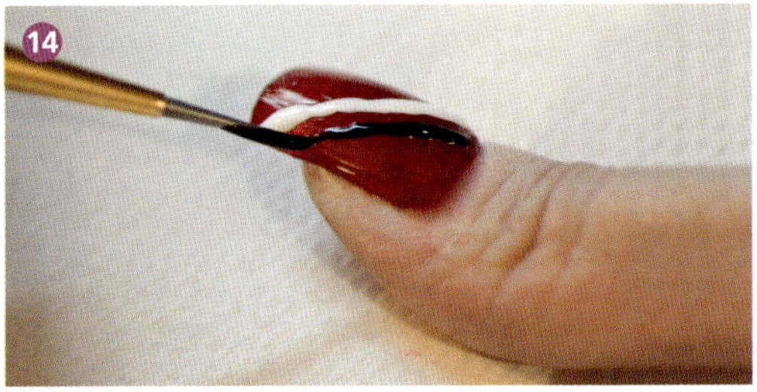
⓮

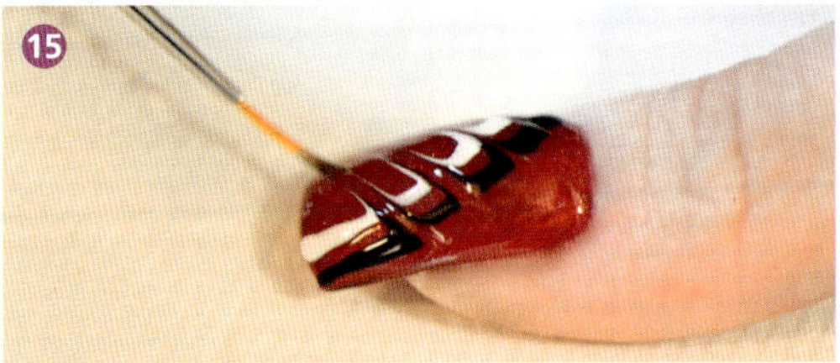
⓯

⓰

siete ancora esperte, dopo aver finito un'unghia passatela immediatamente sotto la lampada, affinché il gel non scivoli 'impastando' il disegno. Applicate il gel fissativo per rendere duraturo il vostro lavoro 16 e mettete le unghie sotto la lampada Uv. A questo punto eliminate i residui oleosi del gel con il remover e passate sulle unghie e sulle cuticole l'olio rinforzante.

Massaggiate ora le mani con una crema nutriente non grassa, partendo dalle dita fino ai polsi, e fatela assorbire completamente. Adesso potete contemplare il vostro lavoro finito! 17

Ricostruzione con gel a taglio diagonale

La ricostruzione con gel a taglio diagonale presenta un grado di difficoltà medio-alto, almeno nella prima parte, cioè fino alla ricostruzione con la cartina. La decorazione viceversa è molto semplice, ma di grande effetto. È adatta a chi non ama le cose ripetitive: le unghie sono una diversa dall'altra, risultano cangianti, luminose e il taglio diagonale le rende molto particolari.

OCCORRENTE

- Lime e buffer
- Lampada Uv
- Spingi cuticole in legno di rosa o di arancio, oppure in acciaio
- Tronchesino
- Fresa per mani
- Spazzola per unghie
- Maschera quadrettata in carta adesiva
- Gel base
- Gel ricostruttivo
- Gel fissativo
- Oro rosso in foglioline
- Pennello piatto di martora misura 03
- Spot
- Rimuovi residui
- Cotone
- Olio rinforzante
- Olio di mandorle
- Asciugamano

La ricostruzione

Durante la prima parte del lavoro procedete come per la ricostruzione in gel classica, preparate le unghie limandole, rimuovendo le pellicine, levigando la parte superiore e passate il primo gel base.
Quando le mani sono pronte, prendete le

1

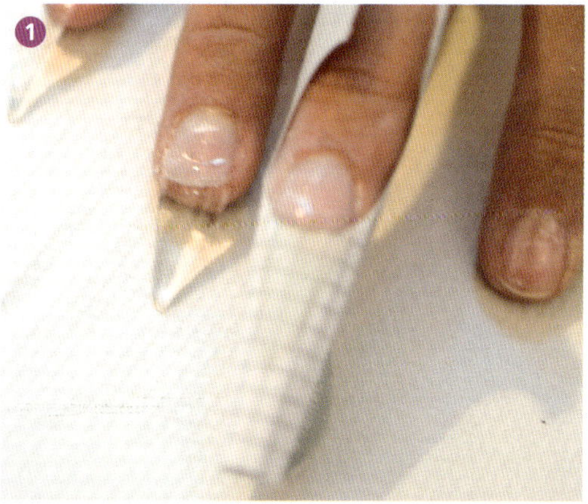

cartine e posizionatele a corona dell'unghia, tra il polpastrello e l'unghia.
Se non siete molto esperte dedicatevi a un dito per volta.
Distribuite con lo spot il gel partendo da metà della vostra unghia naturale e posizionatelo utilizzando la quadrettatura della maschera 1.
Il gel tende ad adattarsi alla superficie sulla quale viene steso.
È importante, dopo avergli dato la forma desiderata, farlo indurire al più presto sotto i raggi Uv della lampada.

2

Perfezionate con il gel ricostruttivo, consolidate con la lampada e successivamente distribuite i decori.

La decorazione

Grecya ha scelto l'oro rosso in foglie, che viene applicato con lo spot. Si tratta di un decoro semplice, i pezzetti d'oro rosso si dispongono casualmente e quindi non sono necessarie né precisione né grande manualità ❷ ❸ ❹.

Dopo aver posizionato i decori, stendete il gel uniformante, induritelo esponendolo ai raggi Uv della lampada e passate con un tampone il liquido specifico per rimuovere i residui del gel. L'unghia non è terminata perché deve essere ancora limata, ma già si comincia a vedere che si armonizza con i colori di Grecya.

Limate le unghie per dare uniformità alla ricostruzione, e livellatele fino a dargli uno spessore naturale 5.
Passate il gel fissativo e induritelo sotto la lampada Uv.

Distribuite ora l'olio rinforzante sulle unghie e sulle cuticole e fatevi un massaggio con olio di mandorle su tutta la mano 6; fate assorbire il più possibile e poi rimuovete l'eccesso con un telo umido e caldo.

6

Ricostruzione con gel a stiletto

Lo stiletto è una forma molto appuntita e lunga che permette decori particolari e complessi. Anche se si tratta di una manicure impegnativa sia nella realizzazione (grado di difficoltà: alto) sia nella gestione delle mani, nel nostro caso il decoro è realizzabile anche da chi non possiede grandi doti artistiche.

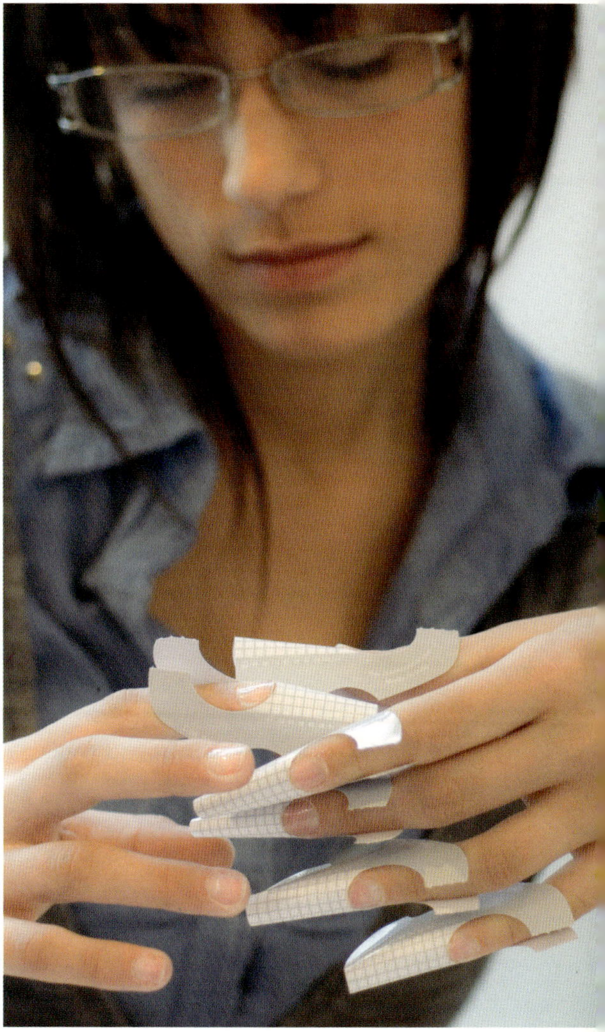

OCCORRENTE

- Lime e buffer
- Lampada Uv
- Spingi cuticole in legno di rosa o di arancio, oppure in acciaio
- Tronchesino
- Fresa per mani
- Spazzola per unghie
- Maschera quadrettata in carta adesiva
- Spot
- Gel base
- Gel ricostruttivo
- Gel fissativo
- Strass a fiore verde
- Gel bianco
- Gel verde chiaro
- Gel verde scuro
- Pennello piatto di martora misura 03
- 3 pennelli tondi misura 01
- Rimuovi residui
- Cotone
- Olio rinforzante
- Crema massaggio

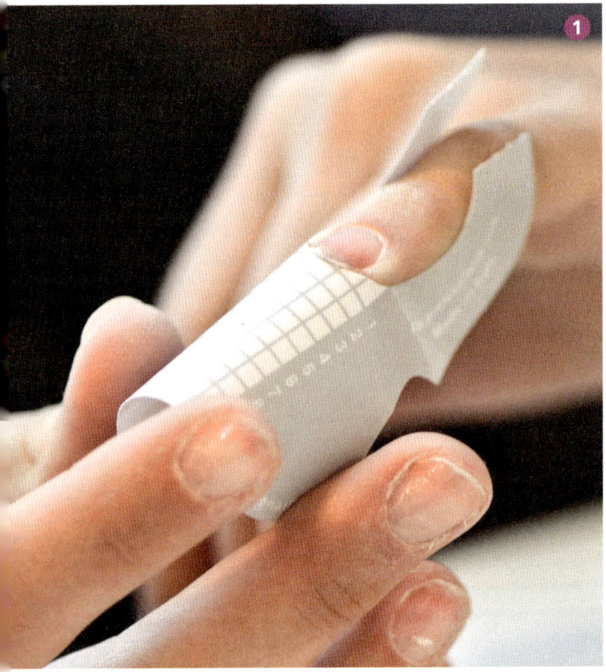

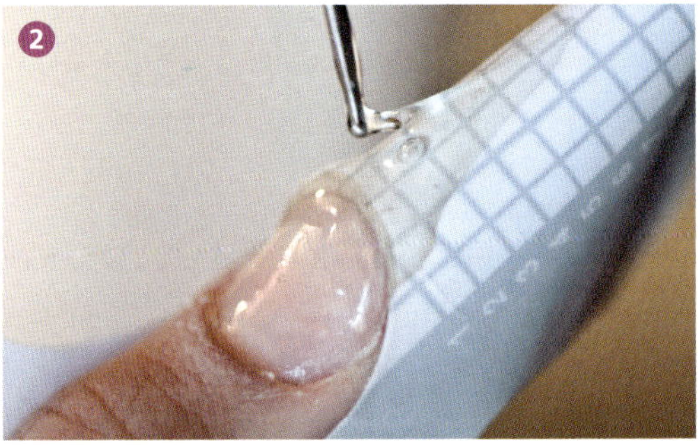

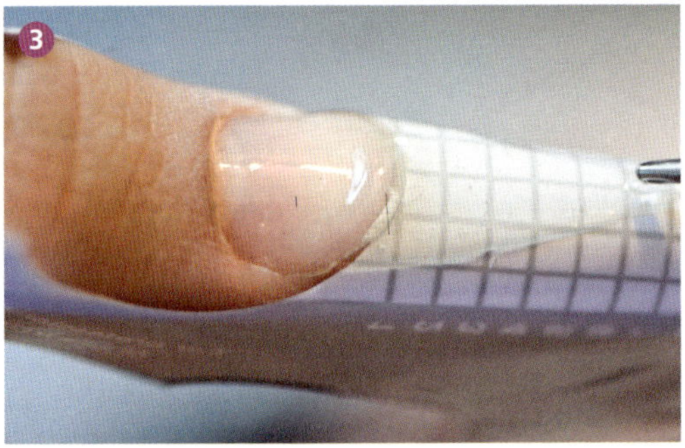

Lo stiletto è adatto alle persone abituate a unghie particolarmente lunghe che possono limitare l'uso delle dita e dei polpastrelli. La ricostruzione necessita di tre ore circa e di molta pazienza.
Chi è portato per la pittura non avrà difficoltà a realizzare unghie dal disegno e dai colori originali; le principianti, invece, possono iniziare da disegni non molto complessi, con pochi colori.

I decori floreali sembrano fatti apposta per essere uno diverso dall'altro, anzi è quasi una regola, quindi non aspettatevi di ripetere su tutte le unghie lo stesso disegno.

La ricostruzione

Per la ricostruzione a stiletto seguite le indicazioni della ricostruzione con gel e decori 'tirati' fino al posizionamento delle car-

tine. Quindi posizionate le cartine di sostegno ❶, e con lo spot distribuite il gel da metà dell'unghia naturale fino alla lunghezza desiderata ❷. Aiutandovi con i quadratini numerati, conferite al gel una forma appuntita e lunga proprio come quella di un piccolo pugnale ❸. Passate poi le unghie sotto la lampada Uv, affinché il gel si solidifichi e diventi duro.
Fate un'unghia per volta, magari alternando le mani per non lasciare la parte più difficile tutta insieme, ed esponete sempre le dita sotto la lampada. Quando il gel è solido, potete togliere la maschera e controllare il vostro lavoro.
Carol ci mostra come durante la ricostruzione, nonostante le unghie siano molto lunghe, riesca a telefonare, mandare messaggi, usare le dita e i polpastrelli senza problemi ❹.

Tolte tutte le maschere, stendete il gel livellante che omogenea le unghie naturali alla ricostruzione 5.
Per le sue unghie Carol ha scelto un motivo floreale sul verde, composto da fiorellini pronti che posiziona sulla parte finale dell'unghia. Immergete lo spot nel gel, poi prendete con l'attrezzo un fiorellino per volta, posizionatelo e continuate così fino a ottenere l'effetto voluto 6.
Applicate il gel ricostruttivo con il pennello piatto di martora di misura 03 e poi induritelo sotto la lampada Uv 7.
A questo punto limate e livellate le unghie, spazzolatele e prendete i pennelli e i gel dei colori scelti per il decoro.

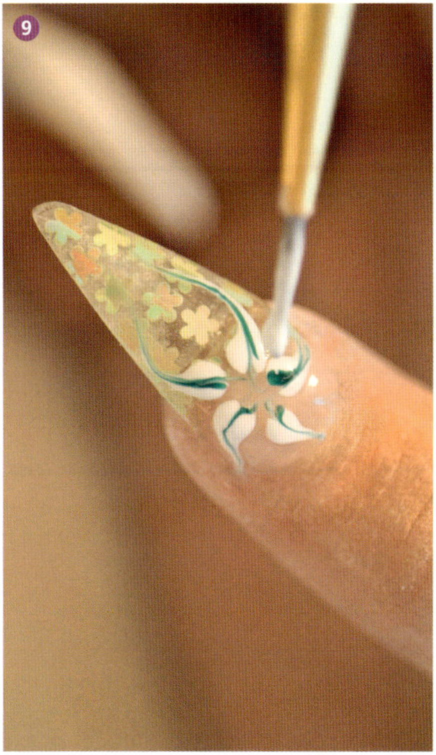

La decorazione

Carol realizza dei fiorellini verdi e bianchi con un sistema semplice, ma esteticamente molto efficace, che vi suggeriamo e che potete provare a ripetere.
Immergete lo spot oppure un pennello sottile tondo da decoro nel gel bianco, fate 5 piccole gocce sull'unghia; sostituite il pennello o pulite lo spot con carta assorbente, immergetelo nel verde e sporcate con una goccia piccolissima il bianco appena posizionato 8; poi, con lo spot, partendo dal verde disegnate una striscia che trasformi la goccia in un petalo stilizzato 9.
Fate i fiori diversi uno dall'altro, con più verde, più bianco, lasciatevi trasportare dalla fantasia, così le vostre unghie saranno uniche e irripetibili!
Non dimenticatevi di indurire il gel sotto la lampada Uv, per non rischiare di perdere il vostro lavoro.
Una volta finiti i fiorellini, stendete il gel fissativo con il pennello piatto di martora di misura 03 e consolidate sotto i raggi Uv.
Distribuite l'olio rinforzante e fatelo assorbire, massaggiate le mani con una crema nutriente ed eliminate l'eccesso tamponando con un asciugamano inumidito e caldo.
Le vostre unghie ora sono pronte per essere sfoggiate e messe in primo piano 10.

Ricostruzione con tip

La ricostruzione con tip, oltre a essere un ottimo rimedio in caso di rottura di un'unghia lunga, fornisce la base ideale per lavori particolari come l'applicazione di strass, zirconi o decori che necessitano di una base forte; consente quindi di sfoggiare mani impeccabili, con unghie lunghe e resistenti. Per applicare le tip bisogna avere una certa manualità: non è un'operazione indicata per le principianti, ma con un po' di allenamento si può fare...

OCCORRENTE

- Lime e buffer
- Lampada Uv
- Spingi cuticole in legno di rosa o di arancio, oppure in acciaio
- Tronchesino
- Ghigliottina
- Spazzola per unghie
- Tip
- Gel base
- Gel ricostruttivo
- Gel fissativo
- Gel colorato
- Pennello piatto di martora misura 03
- Strass e brillantini
- Spot
- Rimuovi residui
- Tamponi in carta assorbente o cotone
- Olio rinforzante
- Maschera e crema massaggio

Sappiate che questa manicure richiede alcune ore, soprattutto le prime volte che la realizzate, quindi non abbiate fretta, prendetevi magari il sabato pomeriggio tutto per le vostre tip! Per iniziare, provate a ricostruire solo un'unghia per volta, in modo da familiarizzare con tutti i passaggi. Applicare gli strass può essere molto impegnativo (perché tendono a scivolare), ma vale la pena di esercitarsi un po': il risultato, una volta acquisita una certa pratica, può essere davvero fantastico!

L'unghia di ogni dito ha caratteristiche ben precise: quella del pollice, per esempio, è più resistente e più grande delle unghie delle altre dita, mentre l'unghia del mignolo, che è il dito più piccolo della mano, è anch'essa di ridotte dimensioni. Perciò, anche le tip saranno diverse e adatte a ciascuna unghia.

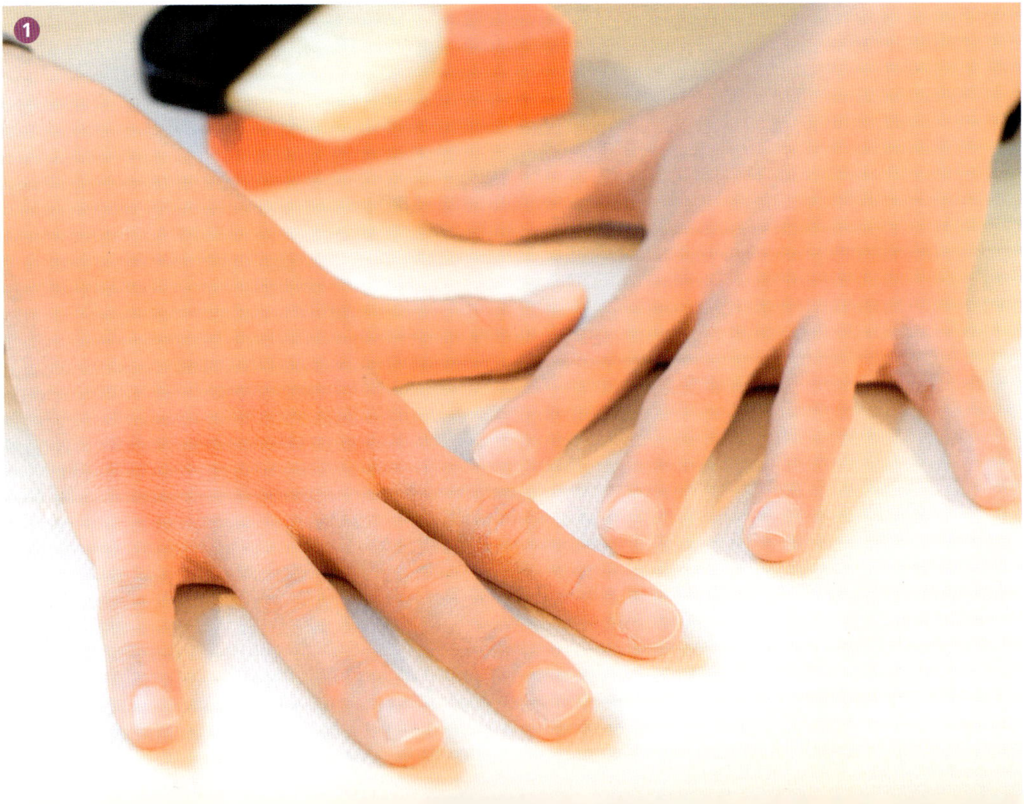

La ricostruzione

Scegliete le tip, posizionatele davanti a voi e iniziate a preparare le vostre mani.
Dato che dovrete utilizzare dei collanti e il gel, non bagnatevi le mani, e prima di cominciare la ricostruzione passate un telo di lino sulle unghie per rimuovere qualunque residuo.
Verificate le condizioni delle vostre mani e pensate a come potete migliorarne l'aspetto 1. Riunite gli attrezzi necessari e i decori che avete scelto.
Innanzi tutto preparate le unghie limandole e arrotondando le asperità, poi spazzolatele bene. Quindi provate le tip selezionate partendo dal pollice fino al mignolo (attenzione a non confondere le tip per la mano sinistra con quelle della mano destra) 2.

2

3

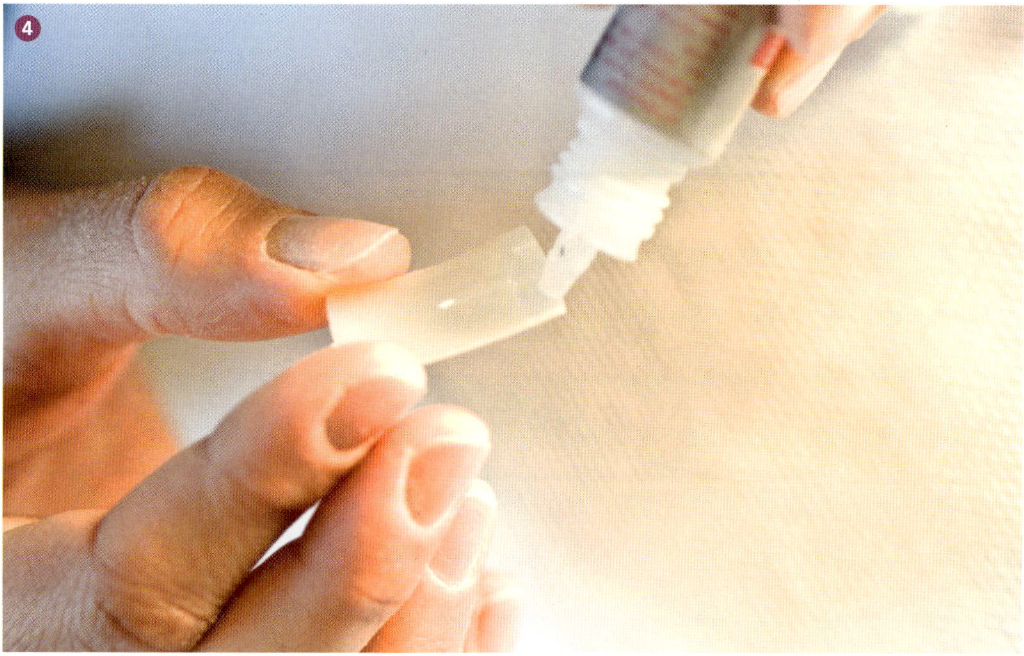

Limate le tip affinché l'applicazione sia il più possibile precisa e si adatti perfettamente alle unghie della vostra mano ❸.
La parte che dovrà aderire all'unghia ha una piccola scanalatura: applicate la colla in quel punto ❹ e subito collocate la tip in posizione, premendo leggermente affinché aderisca in modo perfetto.
Le colle sono atossiche e in pochi secondi saldano le tip.
Procedete a incollare, posizionando le tip nella parte terminale dell'unghia, a 1/3 della sua lunghezza ❺. Lavorate con molta calma e, se siete 'alle prime armi', evitate tutte le distrazioni, compreso il telefonino!
Ora che sembrate delle streghe cattive… potete anche tagliare parte delle tip, adattando le nuove unghie alla vostra persona-

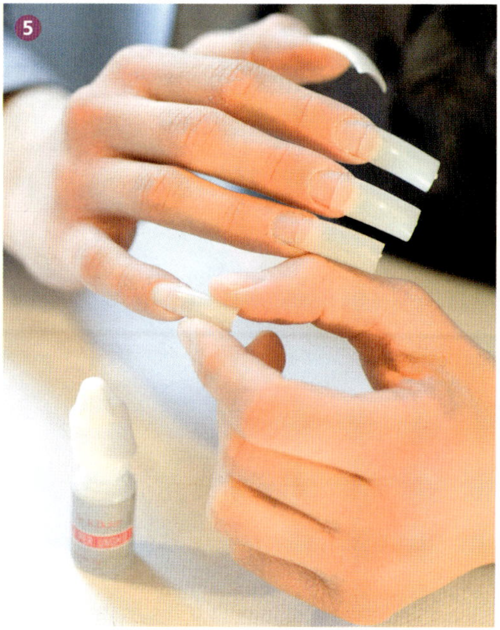

6

7

8

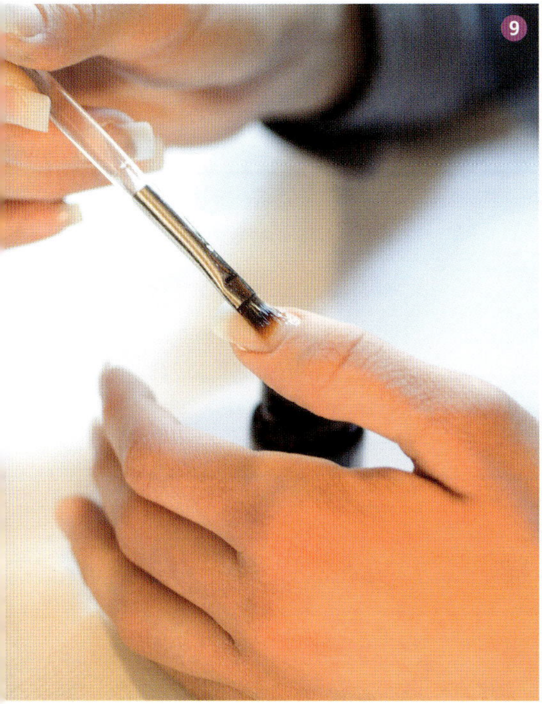

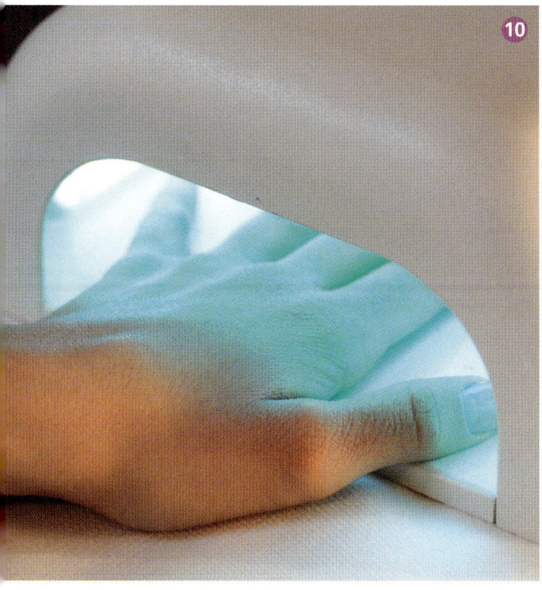

lità: quando siete ben certe che la colla ha fatto il suo lavoro, prendete la ghigliottina e tagliatele della lunghezza che desiderate 6.
Ricordate comunque che le tip non devono essere lasciate troppo lunghe affinché non si rompano o rovinino. La parte che aderisce alla base deve essere proporzionata a quella libera: l'ideale è 1/3 sull'unghia e 2/3 fuori.
Ora potete limare lo scalino che differenzia la tip dalla vostra unghia, con la fresa 7 oppure con la lima tradizionale.
Nel primo caso sappiate che la velocità tende a scaldare l'attrezzo, quindi procedete con molta cautela, soprattutto le prime volte.
Eseguire questo lavoro con la lima è più lungo e forse un po' noioso, ma è consigliato alle non esperte perché permette di acquisire manualità e precisione.
Completate la limatura con il buffer, dando alle unghie la forma, la dimensione e la lunghezza che preferite 8.
Distribuite ora con il pennello piatto di martora di misura 03 la prima mano di gel base su tutte le unghie, facendo attenzione a non sbordare 9. Lasciate indurire sotto la lampada Uv 10. Quando il gel base è indurito, passate al gel livellante, che in questo caso è trasparente.

Prendetelo con il pennello piatto e stendetelo su tutta l'unghia, livellandolo sull'intera superficie. Fate indurire sotto la lampada Uv.

Il gel rilascia un residuo oleoso che va rimosso 11 affinché, limando le unghie, non si crei un impasto fastidioso.

Limate le unghie per dare loro la forma che desiderate, e soprattutto riducetele a uno spessore naturale limando bene an-

11

che la parte superiore ⓬. In ultimo, passate il buffer per eliminare tutte le asperità ⓭.
Spazzolate bene le unghie in modo che il gel possa aderire perfettamente.

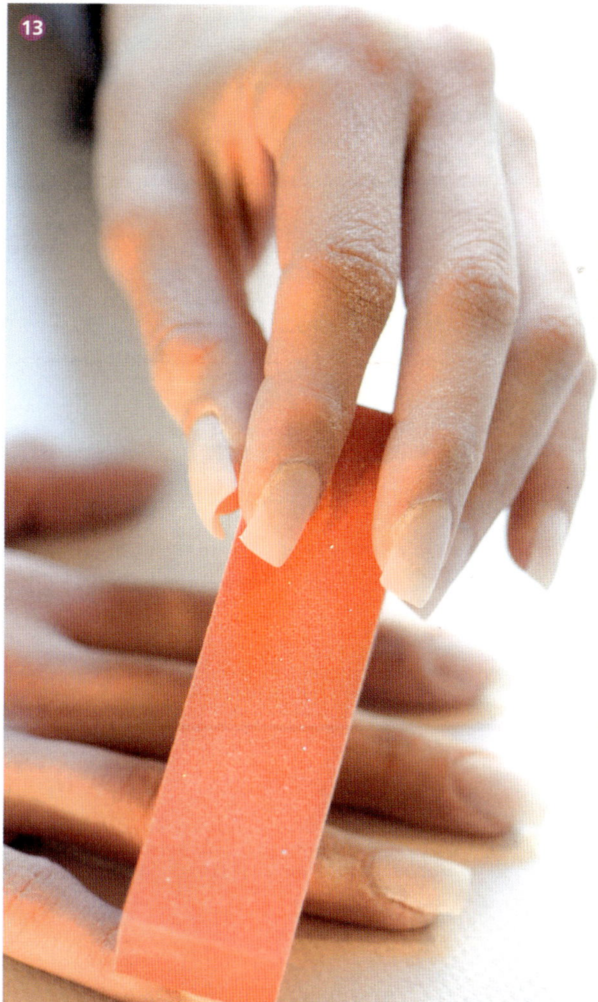

14
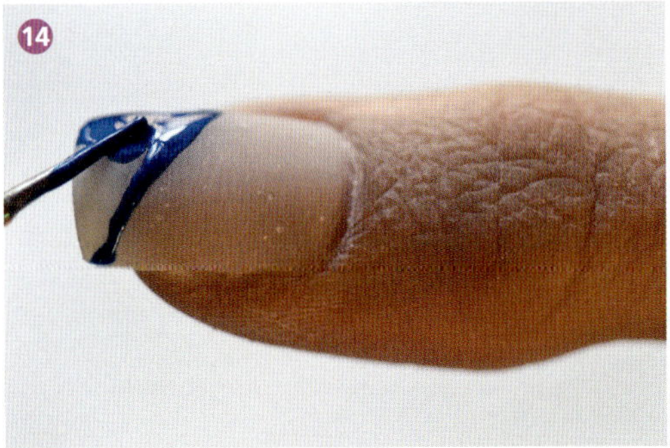

15
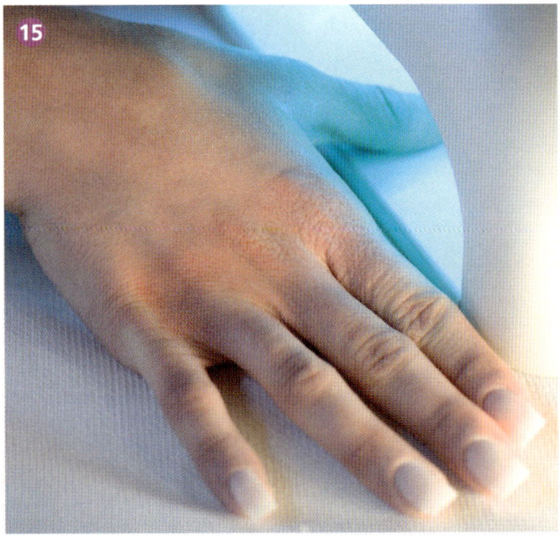

La decorazione

Adesso potete decorare le unghie. In questo caso si è deciso di colorare di blu la parte terminale.
Con lo spot distribuite il colore partendo da una riga diagonale tramite la quale dividere idealmente l'unghia 14, poi fate indurire il gel colorato esponendolo ai raggi della lampada Uv per circa 2 minuti 15.
Quando il gel blu è indurito su tutte le unghie, prendete lo spot e i brillantini o gli strass che avete scelto per le decorazioni e posizionateli poco sotto la parte blu 16.
Mettete gli strass su un piano, rivolti verso il basso, e prendeteli con lo spot leggermente intinto nel gel, che in questo caso avrà la funzione di collante.
Decorate un'unghia alla volta perché il gel appena steso tende a muoversi, quindi met-

16
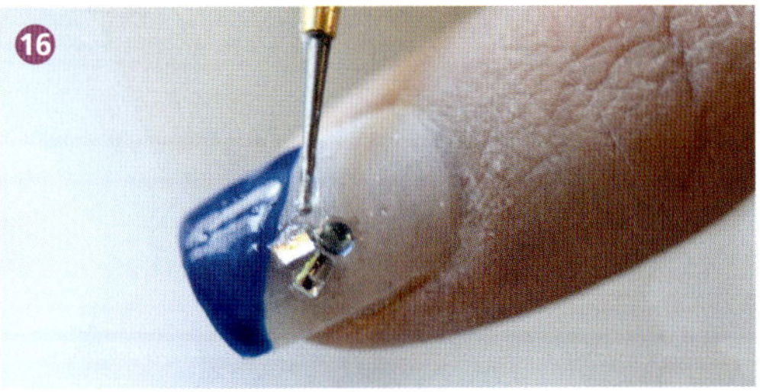

17
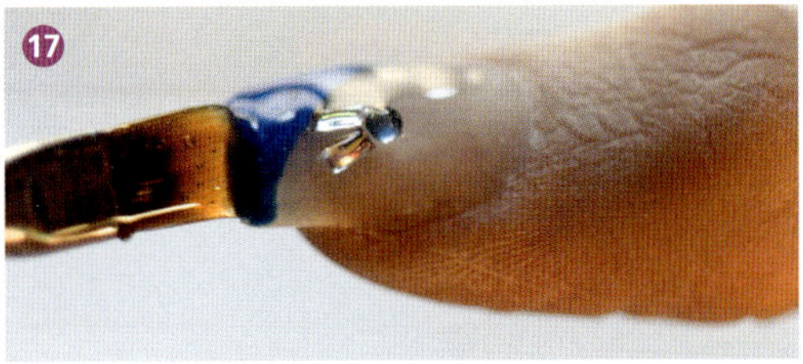

18

tete un dito alla volta sotto la lampada Uv per fare indurire a mano a mano i decori.
A questo punto potete passare il gel fissativo con il pennello piatto di martora di misura 03 17.

Tirate il gel con il pennello dall'interno verso l'esterno, distribuendolo in modo omogeneo su tutta l'unghia.
Fate indurire il gel sotto la lampada Uv per circa 2 minuti e godetevi il risultato 18.

Rimozione e ritocco

La ricostruzione dell'unghia e una buona manicure permettono di avere le mani in ordine per almeno un mese.
Perché le vostre mani siano sempre belle, ricordatevi però di fare settimanalmente uno scrub, una maschera nutriente e un controllo delle cuticole.
È comunque necessario ritoccare il decoro (grado di difficoltà: medio). Il tempo impiegato, relativamente poco, dipende dalla vostra abilità manuale.

OCCORRENTE

- Lime e buffer
- Lampada Uv
- Spingi cuticole in legno di rosa o di arancio, oppure in acciaio
- Tronchesino
- Spazzola per unghie
- Spot
- Gel base
- Gel ricostruttivo
- Gel fissativo
- Gel perlato
- Gel rosa
- Gel nero
- Pennello piatto di martora misura 03
- 2 spot
- Pennello da decorazione
- Rimuovi residui
- Cotone
- Olio rinforzante
- Crema massaggio

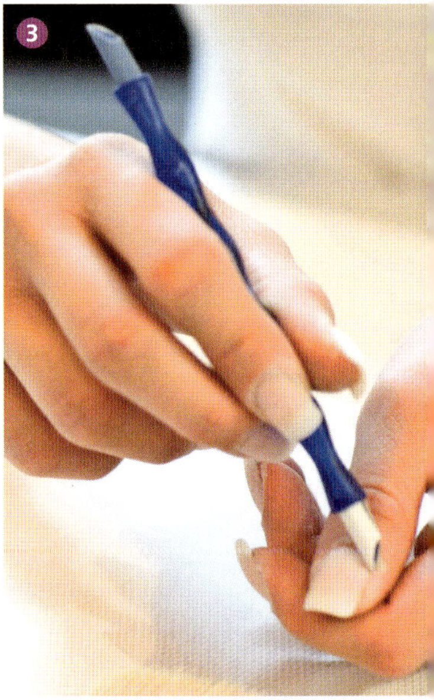

La rimozione

Crescendo sotto la ricostruzione, l'unghia sposterà il decoro di circa 1 millimetro alla settimana.

Per avere sempre la stessa lunghezza potete limare le unghie. In ogni caso è possibile rimuovere la decorazione, il gel o le tip in qualunque momento limandone la parte superficiale fino all'unghia originale.

Nadia ha deciso di farci vedere com'è semplice rivoluzionare le unghie e trasformarle con nuovi decori. In effetti vedere all'opera le sue mani esperte fa sembrare tutte le operazioni estremamente semplici!

Ricordate che per la manicure e il ritocco la mano non deve essere né bagnata né umida, ma asciutta e con le unghie senza tracce di crema o di olio.

Procedete alla limatura dell'unghia in lunghezza ❶ e riportatela al neutro della decorazione, senza limare l'estensione ❷. Spingete le cuticole verso il basso ❸, limate la base dell'unghia, ed eliminate con il tronchesino le eventuali pellicine 'ribelli' ❹. Spazzolate bene le unghie e la pelle circostante.

Il ritocco

Passate con il pennello piatto di martora di misura 03 il gel base ❺ e consolidatelo sotto la lampada Uv.
A questo punto potete stendere il gel sul quale verrà fatta la decorazione. Distribuite il prodotto sulle unghie di una mano per volta ❻ e induritelo sotto i raggi della lampada Uv.
Rimuovete i residui oleosi che restano sulle unghie con l'apposito liquido prima di limarle. Livellate la lamina affinché risulti il più possibile naturale ❼. Adattate la lunghezza e la forma alle vostre esigenze ed eliminate ogni asperità con il buffer.

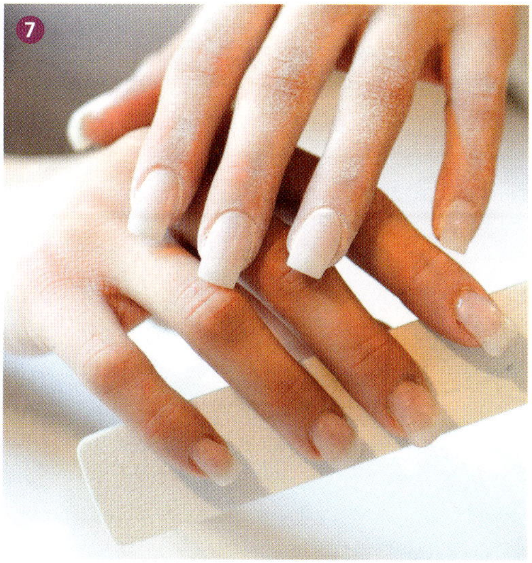

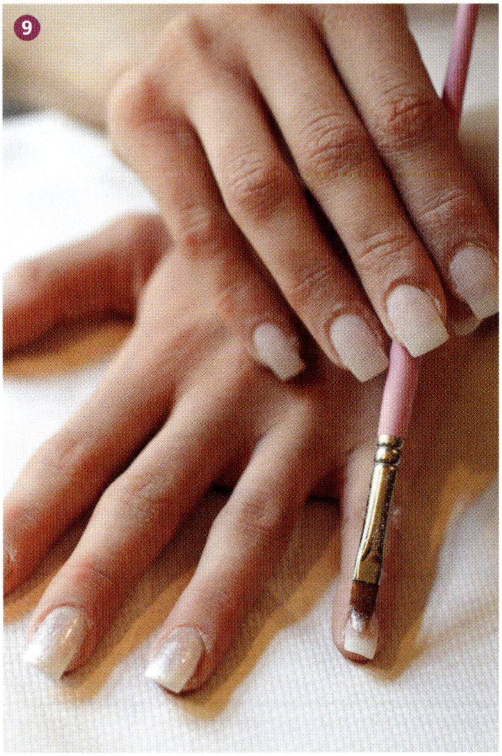

Spazzolate bene le unghie e la pelle circostante prima di procedere con il passo successivo 8.

Stendete ora il gel colorato 9 che in questo caso è un bianco perlato, molto luminoso e adatto a ogni occasione. Se vi piace l'unghia in tinta unita il vostro lavoro si può fermare qui, dopo aver passato le unghie sotto i raggi Uv. Ecco la mano come si presenta prima dei decori 10.

Nadia ha scelto un decoro molto semplice bicolore rosa e nero, posizionato diagonalmente nella parte terminale dell'unghia. Con il pennello da decoro stende una linea sottile di colore nero verso l'interno dell'unghia, poi vicino, con un altro pen-

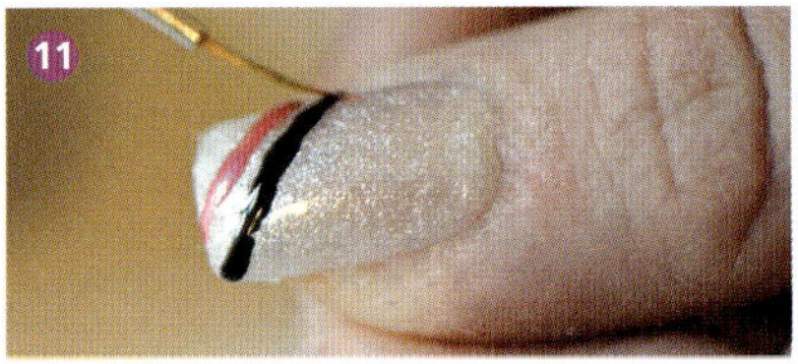

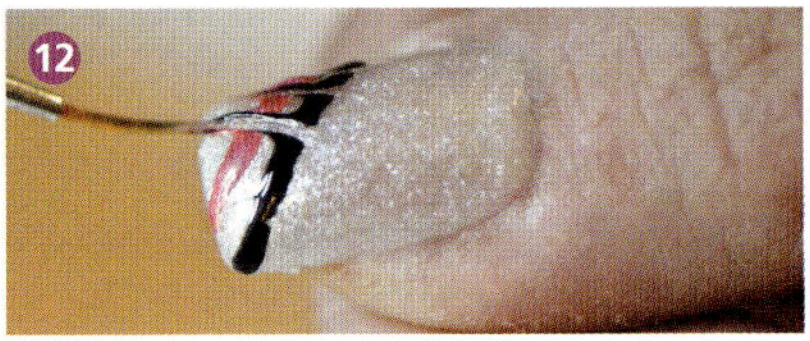

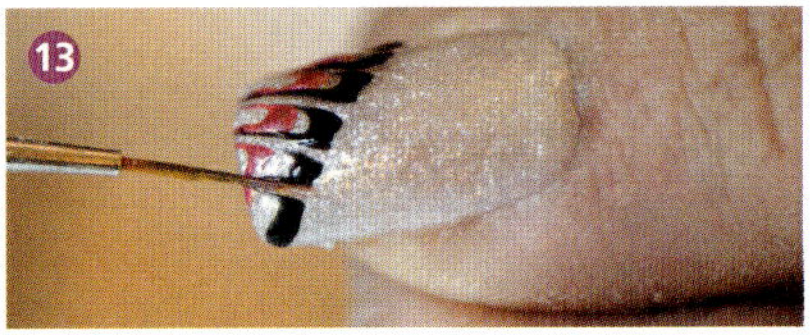

nello, traccia una linea parallela rosa 11 e con un altro pennello ancora passa in senso trasversale sulle righe 12 13, interrompendo la continuità del colore. È consigliabile procedere con un dito alla volta, consolidando il gel il più in fretta possibile affinché i colori non si mescolino tra loro.

Quando avrete finito anche l'ultimo dito, stendete il gel fissativo che proteggerà il vostro lavoro dall'acqua e dai lavori domestici 14. Applicate il prodotto e passate le unghie sotto i raggi della lampada Uv.

Togliete poi la sostanza oleosa che resta sulle unghie con il liquido rimuovi residui, utilizzando una compressa di carta assorbente oppure di cotone.

Massaggiate le mani e le unghie con olio di mandorle o di lino, cercando di farlo assorbire il più possibile, quindi asportate l'eccesso con un asciugamano umido e caldo.

Nadia ci mostra con naturalezza come le sue unghie non siano un ostacolo nella vita di tutti i giorni 15. La pelle delle sue mani, però, patisce molto il freddo e per non rovinarle dovrebbe usare sempre i guanti fino a primavera inoltrata!

15

Glossario

Abs: sigla che indica resine sintetiche impiegate nella preparazione di tip di elevata qualità.

Anonichia: mancanza di una o più unghie.

Apparato ungueale: è costituito da una parte cornea, dalla lamina ungueale e dai tessuti epiteliali che a loro volta sono composti da piega ungueale prossimale, matrice, letto e iponichio.

Buffer: mattoncini leviganti, a grana differente, per levigare le unghie, sia quelle naturali sia quelle sintetiche.

Cartine o mascherine: sostegni che vengono applicati al dito per permettere la ricostruzione dell'unghia con il gel.

Coilonichia: alterazione dell'unghia in seguito alla quale essa si appiattisce e diventa sottile, fino a divenire concava. La coilonichia può essere associata a carenza di ferro, deficit alimentari, contatto con solventi o psoriasi.

Cuticola: la pellicina che sigilla l'unghia e ne protegge la matrice. La sua integrità è essenziale per la protezione dagli agenti esterni.

Corpo ungueale: la parte visibile dell'unghia composta da tre strati di cheratina. Il primo, molle, aderisce al letto ungueale, quello intermedio è di media consistenza e il terzo, esterno e detto 'dorsale', ha una funzione protettiva.

Eponichio: pellicola sottostante la cuticola che la sigilla alla lamina.

French: manicure caratterizzata da una striscia color bianco gesso sulla parte finale dell'unghia. Può essere effettuata sulle proprie unghie o sulla ricostruzione con gel.

Fresa per mani: apparecchio elettrico dotato di testine rotanti appositamente studiate per rendere più semplice e veloce la manicure.

Gel: prodotto molto resistente e duttile con il quale si ricostruiscono le unghie, realizzando allungamenti e modifiche delle unghie naturali. Normalmente se ne usano tre: base, ricostruttivo e fissativo. Possono essere colorati oppure trasparenti.

Ghigliottina: attrezzo in acciaio con il quale si possono tagliare le tip o le unghie ricostruite. La sua particolare struttura consente il taglio dell'unghia con la massima precisione.

Iponichio: pellicina non visibile situata tra il letto ungueale e il margine distale, evidente viceversa nei soggetti onicofagici.

Lampada a raggi ultravioletti (Uv): attrezzo composto da 2 o da 4 bulbi che emette raggi ultravioletti per la catalizzazione (l'indurimento) dei gel apposti sulle unghie.

Lunula: parte a forma di mezzaluna visibile alla base dell'unghia; poco irrorata, è normalmente di colore più chiaro rispetto al resto dell'unghia.

Lamina ungueale: un altro modo di definire l'unghia. È composta per la maggior parte da cheratina e da una minima percentuale di acqua.

Manicure: trattamento estetico per la cura e la bellezza delle mani. Normalmente in sequenza si procede alla pulizia, al modellamento delle unghie, all'applicazione di maschere idratanti, al massaggio, alla protezione e alla decorazione delle unghie con smalti naturali o colorati.

Matrice: parte viva dell'unghia, situata sotto la cute dove si rinnovano le cellule responsabili della crescita ungueale. Determina lo stato dell'unghia e la sua bellezza.

Nail Shape: forma dell'unghia idealmente perfetta alla quale si riferiscono le ricostruzioni.

Onicotecnica: la tecnica di ricostruzione delle unghie.

Onicofagia: l'incontrollabile impulso di mangiarsi le unghie, considerato una vera e propria malattia. È consigliato l'intervento di ricostruzione, così da permettere alle unghie di crescere.

Onicolisi: distacco dell'unghia dalla sua sede; di solito parte lateralmente per poi estendersi (se non curata) su tutta l'unghia. È consigliato l'intervento del dermatologo.

Pennelli: piatti, tondi, sottili e spessi sono soprattutto in pelo di martora e servono per l'applicazione del gel e dei decori.

Perinichio: bordo che avvolge e protegge l'unghia.

Spot: attrezzo usato per la nail art, composto da una o due punte per facilitare l'applicazione del gel e le decorazioni.

Stiletto: forma delle unghie molto allungata e appuntita, che si presta a decori particolari.

Spingi cuticole: bastonicino in legno di rosa o di arancio, oppure in acciaio, per la manicure; si usa per spingere le cuticole.

Tip: oggetto in materiale plastico che viene fissato con apposite colle all'unghia naturale, così da ottenere unghie lunghe e resistenti.

Tronchesino: attrezzo in metallo di diverse dimensioni, dotato di tagliente levigato, per la rimozione precisa di cuticole e pellicine.

www.rededizioni.it
Coordinamento editoriale
Alba Piscone

Revisione redazionale
Giuliana Citton

Le fotografie sono di Cinzia Trenchi

Si ringraziano

Raffaele Giugliano Centro estetico, corso Alfieri 209, 14100 Asti, www.raffaelegiugliano.com

Barbara Meda e Loredana Didonato

le modelle Grecya Bashaj, Giorgia Cona, Nadia Disca, Claretta Faggio, Carol Pupello e Viviana Vendemia

Realizzazione editoriale
Paolo Cassella, Como

Stampato in Cina